기적의

# 손자병법

1000독과 완전정복

이 책만 따라 하면 누구든지 1000독 할 수 있다.

# 기적의 손자병법

良書閣

중국의 후진타오(胡錦濤)는 2006년 4월 20일 미국을 방문하여 부시 대통령에게 실크 정장본 손자병법을 선물했다. 부시 대통령이 다녔던 하버드 경영대학원은 일찍부터 손자병법을 가르쳐 왔다. 중국 통일을 코앞에 둔 모택동이 1949년 5월 곤명호(昆明湖)에서 뱃놀이를 할 때, 측근들이 승리의 비결을 묻자, "별 묘책은 없다. 단지 손자의 적을 알고 나를 알면 백 번 싸워도 위태롭지 않다(知彼知己 百戰不殆)는 구절에 있다고 할 수 있다."고 말했다. 이렇게 모택동은 손자병법을 항상 끼고 살았다. 그래서 한때 고리타분한 병법을 보배로 여기는 사람으로 비난을 받기도 했다. 비록 2500여년 전의 고리타분한 병서인 손자병법. 그러나 그 위력은 오늘날에도 여전히 유효해서 세계의 대학들과 군사학교와 기업체등에서 경쟁적으로 읽히고 연구되고 있다.

손자병법을 뚫어라!
그리하면 경쟁 사회에서 이기는 최고의
전략과 리더십을 발견할 것이다.

# 孫子千讀 達通神

〈손자천독 달통신 : 손자를 천 번 읽으면 신과 통한다〉

한글만 알면 누구나 1000독이 가능하다!

손자병법이 어렵다는 선입관을 버려라!
의외로 간단한 1000독 비결!
도전 1000독! 그리고 완전정복!

# 차례

지피지기 백전불태
적도 알고 나도 알면!
적은 모르고 나만 알면? 승리확률 50%
둘다 모르면? 매번위태롭다!

# 손자병법이란?

손자병법은 기원전 5세기경에 중국의 손무(孫武, 기원전 541년~482년)가 쓴 책이다. 손무가 살던 당시는 춘추(春秋)시대의 말기였다. 중국 전체를 통치하던 주(周)왕조가 쇠퇴해지자 전국에서 제후(諸侯)들이 일어나 약육강식의 전쟁이 끊이지 않았다. 이때 손무는 병법의 시조라고 불리는 강태공이 봉읍을 받아 시조가 된 제(齊)나라에서 태어났고, 집안의 몰락을 피해 오(吳)나라로 피란을 갔다. 당시 오나라는 이웃인 초(楚)나라와 긴 전쟁을 하고 있었는데, 이러한 혼란을 노려 합려(闔廬)는 사촌 형인 요(僥)왕을 암살하고 왕위에 올랐다. 합려는 왕위에 오른 지 얼마 되지 않았기 때문에 나라를 든든하게 다지기 위해 인재가 절실했다. 이때 합려의 측근인 오자서(伍子胥)가 우연히 손무를 발견했고, 손무의 인물됨을 간파하여 그가 막 완성한 손자병법을 합려에게 보여주기에 이르렀다. 이때 합려는 손무를 시험하려고 궁중여인 180명을 손자병법대로 조련할 수 있는지를 물었다. 여기서 사기(史記)에도 기록된 그 유명한 궁중여인의 조련이 시범되었고, 마침내 손무는 합려에 의해 오나라의 장수로 임용되었다. 손무는 장수로 임용되어 수십년을 끌어왔었던 오초 전쟁을 승리로 마무리 짓는 큰 공을 세웠다. 그가 쓴 손자병법대로 싸워 이겼던 것이다.

# 손자병법의 핵심과 구성

손자병법은 세 가지 중요한 특징이 있다. 첫째는, 경쟁 구도 하에서 단일의 적을 상대하되 주변의 적들까지 고려하는 병법이다. 둘째는, 가만히 앉아서 적을 기다리는 것이 아니라 적극적으로 적을 찾아 나서는 공세적인 병법이며, 원정을 위한 정복전의 지침서와 같은 것이다. 셋째는, 전쟁지휘의 주체인 왕이나 장수와 같은 리더들의 리더십에 초점이 맞추어져 있다는 것이다. 손자병법의 중심사상은 가능하면 싸우지 않고 목적을 달성하는, 이른바 부전승(不戰勝)이지만, 이것도 결국은 전쟁을 전제로 하고 있다. 전쟁이 없이도 목적을 달성할 수만 있다면 굳이 전쟁을 하지 않겠지만, 그렇지 못하다면 전쟁을 불사하겠다는 것이기 때문이다.

손자병법의 특징과 중심사상에 비추어보면, 손자병법은 비단 전쟁뿐만 아니라 경쟁구도하의 경영과 경제, 처세 등 모든 분야에 창의적인 적용이 가능하다.

손자병법 13편은 6,109자로 구성이 되어 있고, 요행이나 감정을 배제하고, 철저한 계산과 냉정한 이성으로 승부를 거는 것을 강조하고 있다.

# 비결 공개 : 어떻게 1000독과 완전 정복이 가능할까?

■ 우선 알아야 할 것

의외의 사실, 손자병법은 아주 얇은 책이다!

손자병법을 처음부터 끝까지 단 한번이라도 읽어 본 독자는 생각보다 그리 많지 않을 것이다. 왜냐하면 일단 손자병법하면 어렵다는 선입관! 그리고 두껍다는 선입관이 있기 때문이다. 그래서 대부분의 경우에 손자병법 하면 '지피지기면 백전불태' — 이것조차도 '백전불패'로 잘못 말하기도 한다 — 정도만 알고 있다. 그런데 잘 알아야 할 것은, 손자병법은 결코 두꺼운 책이 아니라는 것이다. 잡다한 해설을 다 빼고 오직 순수하게 병법자체만 모아 놓으면 불과 몇 쪽밖에 안 되는 아주 작은 책이다. 아니 책이라기보다는 몇 쪽의 보고서에 불과하다. 손자병법 금역(今譯)을 기준으로 했을 때 불과 6,109자 밖에 안 된다! 독자들은 의외로 이 사실을 잘 모른다. 원문만 모아 놓은 손자병법을 처음 보는 독자들은 "야! 손자병법이 이렇게 작은 책이었네!"하고 놀란다. 시중에 나와 있는 대부분의 책자들은 병법의 어귀를 자세히 풀어준다는 친절한 취지 하에 이것저것 부연 설명을 잔뜩 집어넣었기 때문에 얇은 책이 아주 두꺼운 책으로 돌변했다. 이것이 손자병법을 단 한번이라도 보지 못하게 만든 범인이라 할 수 있다.

## 제1단계 전략 : 눈 촬영(이미지 연상)

제1단계 전략은 만화로 되어 있다. 손자병법 각 편의 주요 내용을 만화로 시각화하여 순식간에 각편의 핵심을 이해시키고, 또한 강렬한 이미지로 기억시키기 위함이다. 사람의 뇌는 좌뇌와 우뇌가 있는데, 좌뇌는 주로 추상적인 언어 영역을, 우뇌는 이미지화하는 시각 영역을 담당한다. 언어는 추상적인 영역이기 때문에 좌뇌만을 사용해서 이것을 습득하는 것은 매우 어렵다. 그래서 시각 영역인 우뇌를 적극적으로 사용하면 매우 쉬워진다. 시각효과를 최대로 살려주는 만화는 우뇌를 활성화시키는 탁월한 수단이다. 그런데 주의해야 할 것이 있다. 절대로 만화 내용을 암기하려 들지 마라. 그저 편안한 마음으로 그냥 보기만 하라. 눈으로 그냥 촬영한다 생각하라. 이른바 눈 촬영이다. 그저 보고 또 보라! 가능한 1000번을 보라. 그러는 중에 알게 모르게 강렬한 이미지가 우뇌 깊은 곳에 새겨질 것이다. 그렇게 되면 잊고 싶어도 도무지 잊지 못한다.

### 제 2 단계 전략 : 빨리 보기(한글 해역편)

제1단계를 통해 전체적인 이미지를 머리 속에 입력시켰으면 제2단계에 들어간다. 손자병법을 한글로만 해역한 것이다. 이때 주의해야 할 것은, 절대로 소리를 내서 읽거나, 또는 내용을 이해하면서 읽지 말아야 한다. 왜냐하면 그렇게 하면 절대로 1000독을 할 수 없다. 십중팔구 중도에서 포기하고 만다. 이 단계에서도 그냥 보는 것이다. 눈에 비치는 한글을 그냥 보는 것이다. 읽는 것하고 보는 것은 다르다. 읽는 것은 내가 능동적으로, 생각을 해가면서, 신경을 써가면서 읽어야 하지만, 보는 것은 그냥 글씨가 비춰지는 대로 보는 것이다. 부담 없이 그냥 책장을 넘기면서 보고 또 보라! 여기서도 1000독을 할 수 있다. 자꾸 보다 보면 나중에는 저절로 알게 되는 경지에 이를 수 있다. 그냥 보기만 하는 데 무슨 특별한 일이 일어날까 의심하지 말고, 일단 필자를 믿고 그냥 보기만 해보라.

## 제 3 단계 전략 : 꼼꼼히 보기 (한문 해역편)

사실상 제2단계까지가 1000독을 하기까지의 과정이다. 손자병법 핵심 전체를 이미지화하고, 한글로만 전체의 내용을 꿰는 단계였다. 이제 제3단계는 한문을 중심으로 해역을 참조로 하여 꼼꼼히 정독하는 단계다. 이 단계는 완전정복을 위한 단계라 할 수 있다. 완전정복을 하기 위해서는 내용에 대한 충분한 이해가 필요하다. 제1단계와 제2단계를 거치면서 전체의 틀을 완전히 소화했다면, 이제 한 어귀씩 차분히 읽고, 생각해가면서 제3단계를 거쳐야 한다. 초등학생이 대학생이 보는 책을 읽거나 볼 수는 있다. 그렇지만, 그에 맞는 지식이 뒷받침되지 못하면 절대로 이해할 수는 없다. 완전정복을 위해서는 반드시 꼼꼼히 정독하면서 내용을 충분히 이해하고, 차곡차곡 지식을 쌓아야 한다.

## 제 4 단계 전략 : 깊이 보기 (한문 원문편)

이제 완숙한 경지에서 손자병법의 깊은 맛을 보는 마지막 단계다. 본래 손자병법은 한문으로 작성되었기 때문에 제대로 그 맛을 알려면 반드시 한문으로 음미해야 한다. 독자들이 인내심을 가지고 제3단계까지 무사히 건너왔다면, 제4단계는 아무런 문제가 되지 않을 것이다. 한문으로 보게 되면 필자가 해역한 내용과 또 다른 관점에서의 해역도 가능할 것이다. 얼마든지 독자의 수준에 따라 깊이와 폭을 달리 할 수 있다. 그래야 사회 전반의 다양한 영역에서 창의적인 적용이 가능하다. 나중에는 한문만을 가지고 1000독에 도전하라. 이 마지막 관문을 통과하면 비로소 '완전정복'이라는 말을 자신 있게 사용할 수 있다.

### 〈보너스〉 자동암기의 비결 : 무조건 자주 자주 보는 것

손자병법의 주요 어귀를 암기하고, 어떤 장소에서나 순식간에 써먹고 싶지 않은가? 사실상 지금까지 착실하게 단계를 밟아온 독자라면 아무런 문제가 없다. 저절로 외워져 있기 때문이다. 무엇이든지 억지로 외우려고 하면 오히려 외워지지 않는다. 아주 단순한 기억의 법칙은, 무조건 많이 보는 것이다. 1개월 걸려 천천히 정독을 하면서 한 어귀를 단 한번만 보는 것보다 그냥 눈으로 스치더라도 같은 어귀를 매일 10번씩 본다면 훨씬 오랫동안 기억할 수 있다.

적어도 한 어귀를 100번 정도만 보면 자동적으로 암기되고, 평생 잊고 싶어도 잊지 못한다. 독일의 심리학자 에빙하우스(Ebbinghaus : 1850～1909)는 망각곡선(forgetting curve)을 연구하여 발표했는데, 그에 의하면, 어떤 것을 보면 약 1시간 후에는 대략 50%를 잊어버리고, 하루가 지나면 대략 70%를 잊어버리고, 한 달이 지나면 대략 80%를 잊어버린다고 한다.

이러한 망각을 다시 기억하기 위해서 가장 좋은 방법은 '반복'하는 것인데, 반복하면 두뇌의 해마에

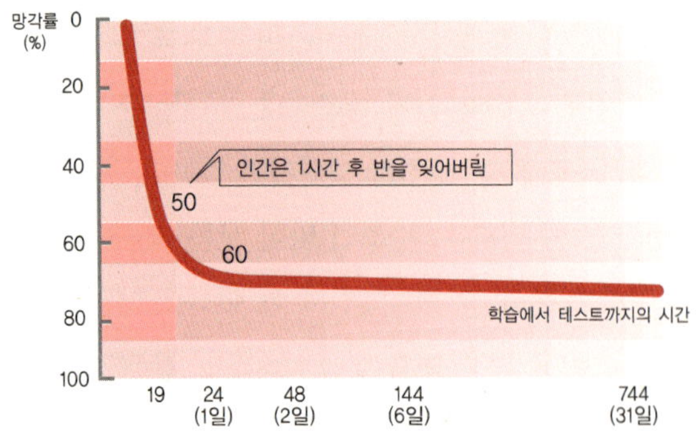

서 시냅스(신경세포가 연결되는 부위)가 강화되기 때문이다.

반복을 하되 긴 문장을 오랜 시간동안 종합하여 반복하는 것보다는, 가능한 짧게 끊어 수시로 반복하는 것이 훨씬 효과적이다. 보고, 또 보라! 보면 보이고, 보이면 열린다!

"믿음은 바라는 것의 실상이요 보지 못하는 것들의 증거니"
〈히브리서 11:1〉 **바라봄의 법칙**

## 제 1 단 계 전 략

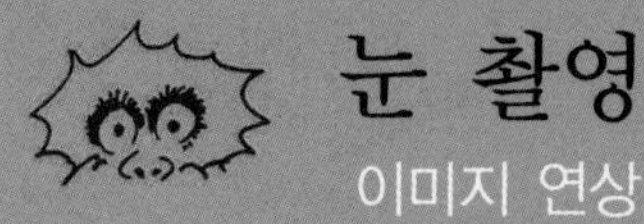

# 눈 촬영

## 이미지 연상

- 사진 촬영 하듯이 눈으로 찍는다.
- 뜻을 생각하지 말고 그냥 눈으로 촬영만 한다.
- 한 번 보는 데 10분이면 충분하다.
- 가능한 1000번이 될 때까지 본다.
- 항상 이 그림들이 머리 속에 남아 있어 언제 어디서나 원하는 장면들을 떠올릴 수 있게 된다.
- 손자병법의 전체적인 흐름을 금방 알 수 있다.
- 일단 이것으로 1000독의 목표는 달성한 셈이다. 와—! 쉽다!

제1 시계
·계(計)를 시작함
·전쟁(원정) 여부 판단
전쟁은 나라의 큰일이니
깊이 살피지 않을 수 없다
우선, 5가지 요소로 따져본다(5사)
①도: 상하가 마음이 하나가 되는가?
②천: 기상은 어떤가?
③지: 땅은 어떤가?
④장: 장수는 어떤가?
⑤법: 규정, 병참은 어떤가?
속임수! 궤도 (14가지)
5사
7계
+
궤도
피아 비교 7개 요소
승산이 있으면 전쟁! 없으면 전쟁금지!

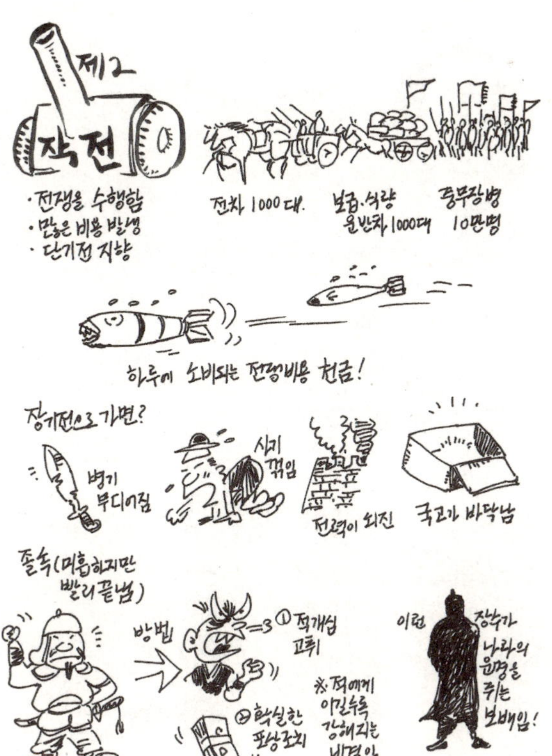
제2
작전
·전쟁을 수행함
·많은 비용 발생
·단기전 지향
전차 1000대.
보급·식량
운반차 1000대
중무장병
10만명
하루에 소비되는 전쟁비용 천금!
장기전으로 가면?
병기
무디어짐
사기
꺾임
전력이 쇠진
국고가 바닥남
졸속(미흡하지만
빨리 끝냄)
방법
① 적개심
고취
② 확실한
포상조치
※ 적에게
이길수록
강해지는
비결임
이런
장수가
나라의
운명을
쥐는
보배임!

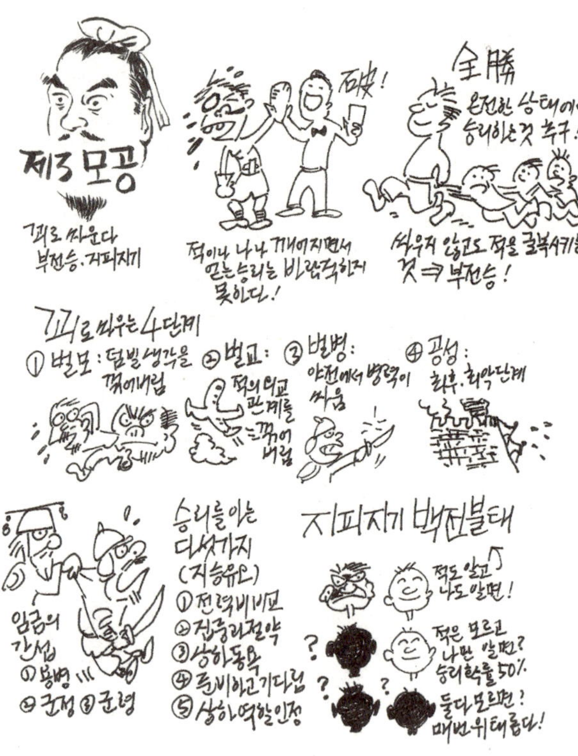
제3 모공
꾀로 싸운다
부전승. 지피지기
破!
적이나 나나 깨어지면서
얻는 승리는 바람직하지
못하다!
全勝
온전한 상태에서
승리하는 것 추구!
싸우지 않고도 적을 굴복시키는
것 ⇒ 부전승!
꾀로 싸우는 4단계
① 벌모 : 덤빌 생각을 꺾어버림
② 벌교 : 적의 외교 관계를 끊어버림
③ 벌병 : 야전에서 병력이 싸움
④ 공성 : 최후. 최악단계
임금의 간섭
① 봉병 ② 군정 ③ 군령
승리를 아는 다섯가지
(지승유오)
① 전력비교
② 집중과절약
③ 상하동욕
④ 준비하고 기다림
⑤ 상하역할인정
지피지기 백전불태
적도 알고 나도 알면!
적은 모르고 나만 알면? 승리확률 50%
둘다 모르면? 매번 위태롭다!

제4 균형
· 군사적인 태세
· 먼저 적이 이기지 못할 태세 구축
적이 나를 이기지 못하게 하는 것은 전적으로 나의 책임
공격 잘하는 자, 높은 하늘에 있는 것처럼
수비 잘하는 자, 깊은 땅속에 있는 것처럼
※ 自保而全勝 온전히 보존!
진정한 승리의 개념
겉으로 드러나는 요란한 박수가 없다!
가뿐하게 이긴다!
不敗之地
불패의 위치에 서서
적이 패할 기회를 놓치지 않는다!
이겨놓고 싸운다!
일(鎰)로 수(銖)를 친다!
(576분의 1의 격차)
이상적인 균형?
천길 계곡 위에 물을 막아둔 그 상태!
곧 터질 듯!

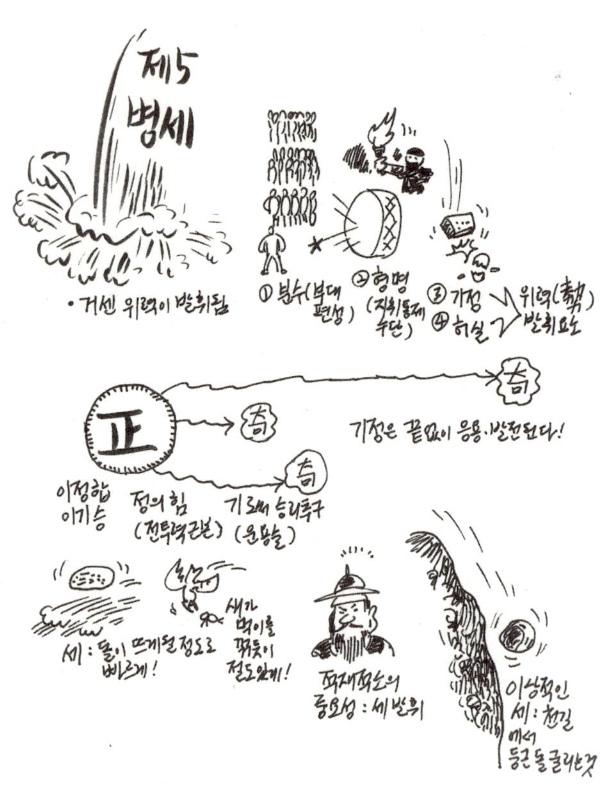

제5 병세
·거센 위력이 발휘됨
① 분수(부대 편성)
② 형명 (지휘통제 수단)
③ 기정
④ 허실
위력(勢) 발휘요소
正
奇
奇
奇
기정은 끝없이 응용·발전된다!
이정합 이기승
정의 힘 (전투력근본)
기로써 승리추구 (운용술)
세 : 돌이 뜨게될 정도로 빠르게!
새가 먹이를 꿰듯이 절도있게!
적재적소의 중요성 : 세발휘
이상적인 세 : 천길 에서 둥근돌 굴리는것

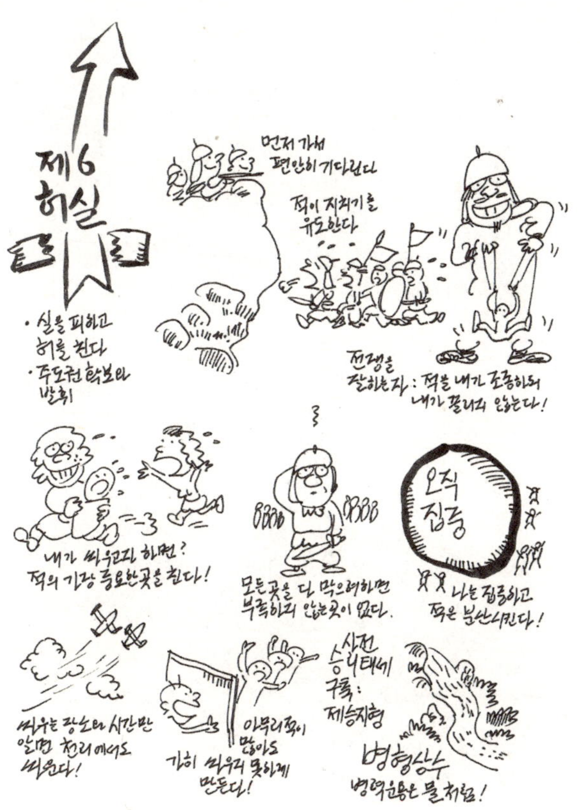
제6
허실
· 실을 피하고
허를 친다
· 주도권 확보와
발휘
먼저 가서
편안히 기다린다
적이 지치기를
유도한다
전쟁을
잘하는 자 : 적을 내가 조종하되
내가 끌리지 않는다!
내가 싸우고자 하면?
적의 가장 중요한 곳을 친다!
모든 곳을 다 막으려하면
부족하지 않는 곳이 없다.
오직
집중
나는 집중하고
적은 분산시킨다!
싸우는 장소와 시간만
알면 천리에서도
싸운다!
아무리 적이
많아도
감히 싸우지 못하게
만든다!
사전
승리태세
구축 :
제승지형
병형상수
병력운용은 물처럼!

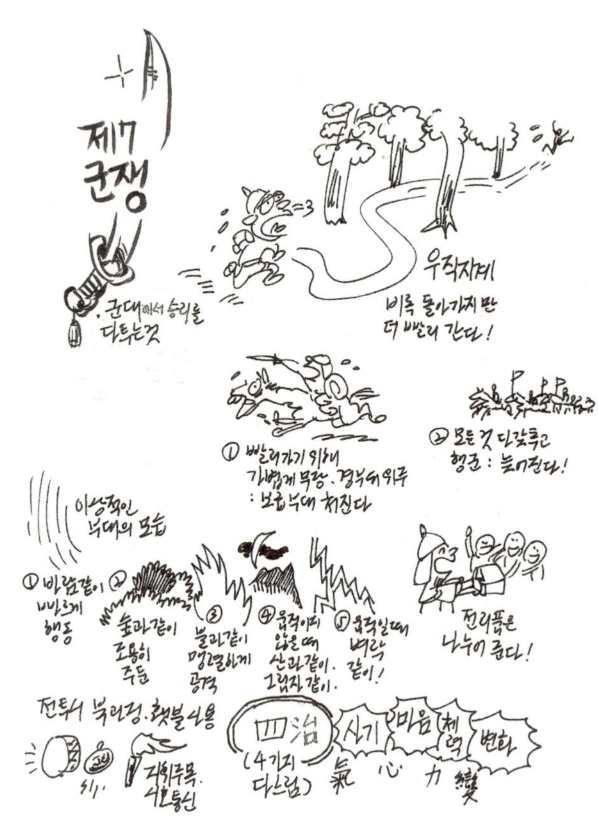
제17
군쟁
. 군대에서 승리를
다투는것
우직지계
비록 돌아가지만
더 빨리 간다!
① 빨리가기 위해
가볍게 무장. 경부대 위주
: 보급부대 처진다
② 모든 것 다갖추고
행군 : 늦어진다!
이상적인
부대의 모습
① 바람같이
빠르게
행동
② 숲과같이
조용히
주둔
③ 불과같이
맹렬하게
공격
④ 움직이지
않을때
산과같이.
그림자 같이.
⑤ 움직일때
벼락
같이!
전리품은
나누어 준다!
전투시 북,리정.횃불 사용
지휘주목.
신호통신
四治
(4가지
다스림)
사기
氣
마음
心
체력
力
변화
變

제8 구변
·전장에서 마주치는 다양한 상황에 대해 원칙과 변칙 적용
①길이라도 가지 말아야 할 길
②군대라도 치지 말아야 할 군대
③성이라도 공격하지 말아야 할 성
④땅이라도 다투지 말아야 할 땅
⑤임금의 명령이라도 듣지 말아야 할 명령
대표적인 다섯가지 상황
지혜로운자의 생각에는 반드시 이·해 양면을 동시에 본다!
적이 오지 않을것을 믿지말고 나에게 적이 올것에 대한 대비를 믿을 수 있어야 한다!
①반드시 죽고자하면 가히 죽을수 있다
②반드시 살고자 하면 가히 포로가될수 있다
③급히 자주 화를내면 가히 모멸을 당할수 있다
④지나치게 깨끗하고자 하면 가히 욕될수있다
⑤지나치게 병사를 아끼면 가히 번거러울 수 있다
<장유오위>

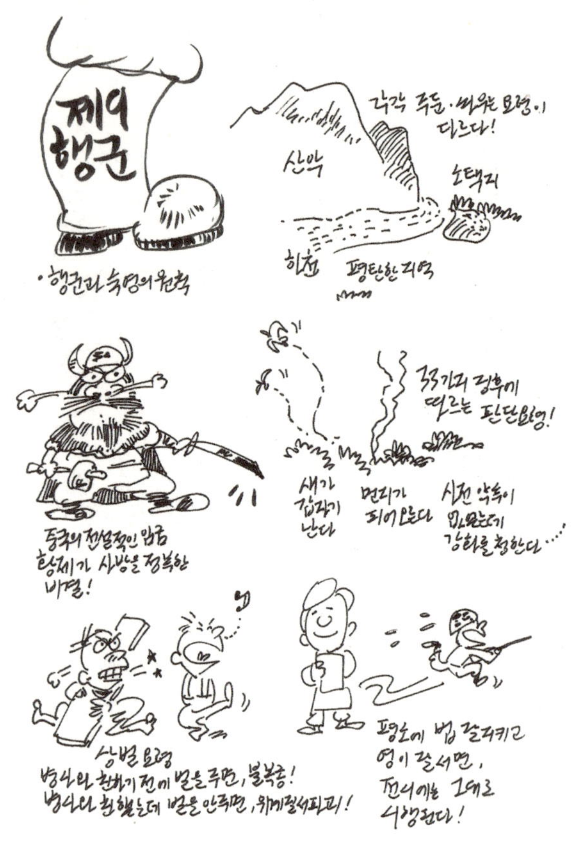

제9 행군
·행군과 숙영의 원칙
각각 주둔·싸우는 요령이 다르다!
산악
소택지
하천
평탄한 지역
중국의 전설적인 임금 황제가 사방을 정복한 비결!
33가지 징후에 따르는 판단요령!
새가 갑자기 난다
먼지가 피어오른다
사전 약속이 없는데 강화를 청한다....
상벌 요령
병사와 친하기 전에 벌을 주면, 불복종!
병사와 친했는데 벌을 안주면, 위계질서파괴!
평소에 법을 잘 지키고 영이 잘 서면, 전시에도 그대로 시행된다!

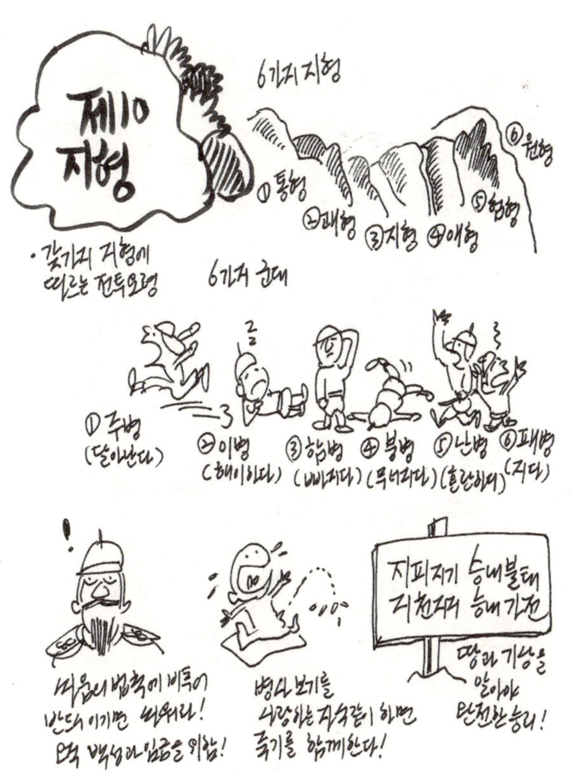
제10 지형
6가지 지형
①통형
②괘형
③지형
④애형
⑤험형
⑥원형
·갖가지 지형에 따르는 전투요령
6가지 군대
①주병 (달아난다)
②이병 (해이하다)
③함병 (빠지다)
④붕병 (무너지다)
⑤난병 (혼란하다)
⑥패병 (지다)
싸움의 법칙에 비추어 반드시 이기면 싸워라! 오직 백성과 임금을 위함!
병사 보기를 사랑하는 자식같이 하면 죽기를 함께한다!
지피지기 승내불태 지천지지 승내가전
땅과 기상을 알아야 완전한 승리!

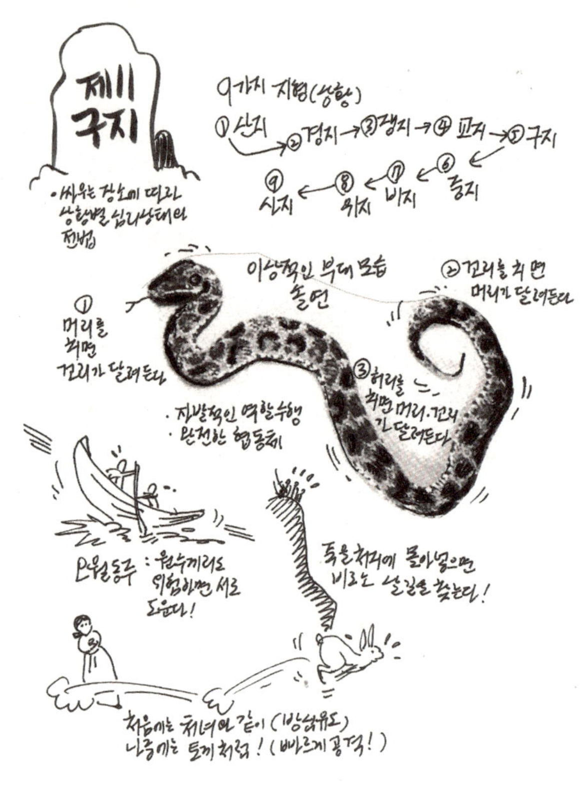

제11 구지
·싸우는 장소에 따라 상황별 심리상태의 전법
9가지 지형(상황)
①산지 ②경지 ③쟁지 ④교지 ⑤구지 ⑥중지 ⑦비지 ⑧위지 ⑨사지
이상적인 부대 모습 솔연
① 머리를 치면 꼬리가 달려든다
②꼬리를 치면 머리가 달려든다
③허리를 치면 머리·꼬리가 달려든다
·자발적인 역할수행
·완전한 협동체
오월동주 : 원수끼리도 위험하면 서로 돕는다!
죽을처지에 몰아넣으면 비로소 살길을 찾는다!
처음에는 처녀와 같이 (방심유도)
나중에는 토끼처럼! (빠르게 공격!)

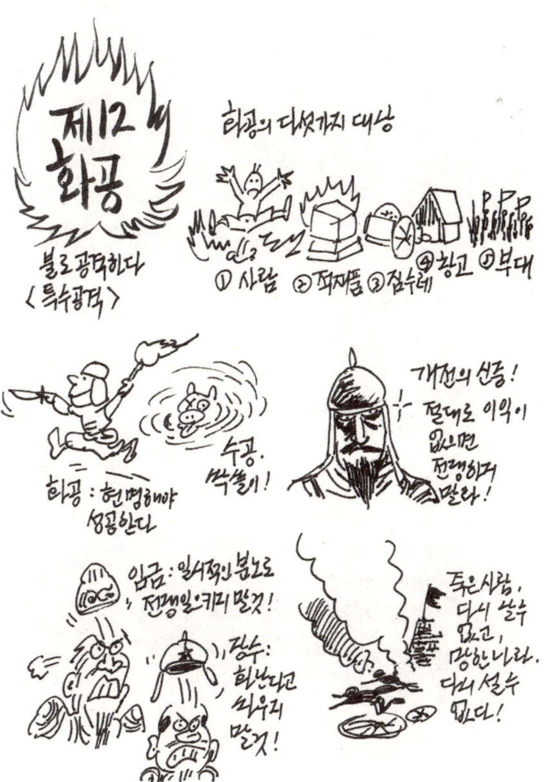
제12
화공
불로 공격하다
<특수공격>
화공의 다섯가지 대상
① 사람
② 적재품
③ 짐수레
④ 창고
⑤ 부대
화공 : 현명해야
성공한다
수공,
싹쓸이!
개전의 신중!
절대로 이익이
없으면
전쟁하지
말라!
임금 : 일시적인 분노로
전쟁일으키지 말것!
장수 :
화난다고
싸우지
말것!
죽은사람,
다시 살수
없고,
망한나라,
다시 설수
없다!

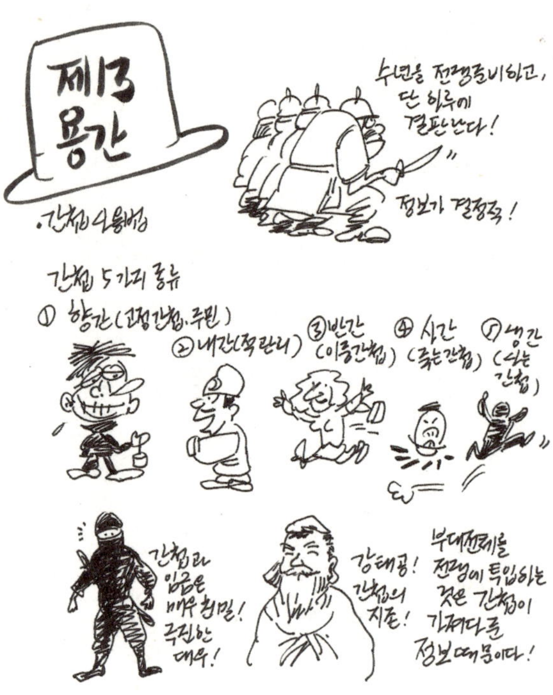
제13
용간
·간첩 사용법
수년을 전쟁준비하고, 단 하루에 결판난다!
정보가 결정적!
간첩 5가지 종류
① 향간(고정간첩, 주민)
② 내간(적관리)
③ 반간 (이중간첩)
④ 사간 (죽는간첩)
⑤ 생간 (사는 간첩)
간첩과 임금은 매우 친밀! 극진한 대우!
강태공! 간첩의 지존!
부대전체를 전쟁에 투입하는 것은 간첩이 가져다준 정보때문이다!

제 2 단 계 전 략

# 빨리 보기

## 한글 해역편

- 읽지 말고 그냥 눈으로 빨리 본다.
- 적어도 10분에 한 번 본다.
- 산술적으로 166시간(약 1주일)만 투자하면 1000번을 볼 수 있다.
- 손자병법에 무슨 어귀가 있는지 금방 알 수 있다.
- 인용하고 싶은 어귀를 금방 찾을 수 있다.
- 보라색 글씨는 외워둘만한 중요한 어귀다.

# 제1 시계 편

손자가 말하기를, 전쟁은 나라의 중대한 일이다. 사람들의 생사와 나라의 존망이 달린 것이니 깊이 살피지 않을 수 없다. 그러므로 전쟁에 앞서 적과 나를 다섯 가지 요건으로서 헤아리고, 계로써 적과 비교하여 그 정세를 판단한다. 다섯 가지 요건은 첫째는 도요, 둘째는 천이요, 셋째는 지요, 넷째는 장이요, 다섯째는 법이다. 도는 민중들로 하여금 위와 뜻을 같이 하는 것이다. 그러므로 가히 함께 죽기도 하고, 함께 살기도 하면서, 민중이 의심을 하지 않는 것이다. 천이란, 밤과 낮, 추위와 더위, 사계절의 변화를 말한다. 지란, 높고 낮음, 멀고 가까움, 험함과 평탄함, 넓고 좁음, 사지와 생지를 말한다. 장이란,

지·신·인·용·엄을 말한다. 법이란, 군대의 조직이나 편제에 관한제도, 장수나 장교의 관리에 관한 제도, 군수물자와 군사비용에 관한 제도를 말한다. 무릇 이 다섯 가지는 장수가 듣지 않았을 리 없으니, 이를 아는 자는 이기고, 알지 못하는 자는 이기지 못한다. 그러므로 계를 서로 비교해서 그 실정을 살핀다. 말하되, 군주는 어느 쪽이 더 도가 있는가? 장수는 어느 쪽이 더 유능한가? 천지는 어느 쪽이 더 유리한가? 법령은 어느 쪽이 더 잘 시행되는가? 군대는 어느 쪽이 더 강한가? 장병들은 어느 쪽이 더 훈련되었는가? 상벌은 어느 쪽이 더 분명한가? 나는 이것으로 승부를 알 수 있다. 만약 나의 계를 듣는다면, 전쟁할 때 반드시 이기기 때문에 나는 머문다. 만약 나의 계를 듣지 않는다면, 전쟁할 때 반드시 지기 때문에 나는 떠날 것이다. 유리한 계를 구상하여 이를 채택했다면, 채택한 계에 만족하지 말고 곧 이러한 계에 더해서 세를 만들어, 계가 가진 제한되고 고정된 영역 그 외의 것을 보조한다. 세라는 것은 여러 상황에 따라 유리한 조건들을 만들어가면서 전장의 주도권을 장악하는 것이다. 전쟁에는 속이는 방법들이 많다. 그러므로 능하면서도 능하지 못한 것으로 보이고, 쓰면서도 쓰지 못하는 것처럼 보이고, 가까이 있으면서도 멀리 있는 것처럼 보이고, 멀리 있으면서도 가까이 있는 것처럼 보인다. 적이 이로움을 탐하면 이로움을 보여주어 꾀어내고, 적이 어지러우면 어지러움을 틈타서 취하고, 적이 충실하면 공격하지 말고 대비하고, 적이 강하면 피하고, 적이 기세가 등등하면 잠시 굽히고, 적이 낮추면 교만해지게 하고, 적이 편안하면 수고롭게 하고, 적이 친하면 갈라지게 한다. 적이 방비하지 않는 곳을 공격하고, 적이 생각하지 않은 것으로 나아간다. 이것이 병가가 승리하는 방법이니 사전에 미리 드러내거나 알려져서는 안 된다. 무릇 전쟁을 하기 전에 미리 묘당에서 계산을 해보아 승리를 확신하게 되는 것은, 주도면밀한 계를 준비하여 승리의 조건이 충분하기 때문이다. 전쟁을 하기 전에 묘당에서 계산을 해보아 승리가 불가능하게 되는 것은, 계가 부족하여 승리의 조건이 적기 때문이다. 계산이 많으면 이기고, 계산이 적으면 이기지 못하는데, 하물며 계산이 없다면 어찌 되겠는가! 나는 이것을 근거로 해서 잘 관찰하게 되면 전쟁 전에 미리 승부를 알 수 있다.

## 제2 작전 편

손자가 말하되, 무릇 용병의 법은 10만 명을 일으키기 위해서는 전차가 천대가 있어야 하고, 치중차가 천대가 있어야 하고, 갑옷이 천벌이 있어야 하고, 천리까지 식량을 운반해야 하고, 내외의 비용과 빈객의 비용, 무기를 제작하거나 보수하는 재료 준비, 수레와 갑옷을 조달하는데 매일 천금이 든다. 그 전쟁을 함에 오래 끌면 병사는 무디어지고 날카로움은 꺾이며, 성을 공격하면 힘을 다하며, 군대를 밖에 보내 오랫동안 전쟁하게하면 나라의 재정이 부족하게 된다. 무릇 병사가 무디어지고 예리함이 꺾이며, 힘이 다하고 재정이 다하면 주변에 있는 제후가 그 피폐해진 틈을 타서 일어나게 되리니, 그렇게 되면 아무리 지혜로운 사람이 있더라도 그 뒷일을 좋게 하지 못한다. 그러므로 전쟁에 그 솜씨가 매끄럽지 못하더라도 빨리 끝내야 함은 들었어도, 솜씨 있게 하면서 오래 끄는 것은 보지 못했다. 무릇 전쟁을 오래 끌어서 나라에 이로울 것이 없나니, 그러므로 전쟁을 할 때의 해로움을 다 알지 못하면 전쟁을 할 때의 이로움을 다 알 수 없다. 용병을 잘 하는 자는, 거듭 징집을 하지 않도록 하고, 군량도 거듭 보내지 않으며, 전쟁물품은 본국에서 취하여 쓰지만 군량은 적의 것을 취하기 때문에 군량이 가히 넉넉할 수 있다. 나라가 군대 때문에 가난해지는 것은 군대가 멀리 나가 있으면 멀리까지 수송을 해야 하는 까닭이니, 멀리 수송을 하면 이를 재정적으로 뒷받침해야 하는 귀족들이 가난해지고, 군대 근처에 있는 물가는 치솟으며, 물가가 치솟으면 나라의 재정이 고갈되고, 재정이 고갈되면 부역을 가중하는데 급해진다. 전장에 힘을 다 쓰면 안으로는 귀족들의 돈이 허하게 되어, 귀족들의 재산은 열 가운데 일곱이 없어지며, 정부의 재정은, 수레가 피괴 되고 말이 피폐해지며 갑옷과 투구, 화살과 자동화살과 창과 대형 방패, 큰 소와 큰 수레 등의 징발로 열 가운데 여섯이 없어지게 될 것이다. 그러므로 지혜로운 장수는 적에게서 먹을 것을 구하는 데에 힘을 쓰니, 적에게서 식량 일종을 구하면 자국에서 가져오는 나의 이십 종에 해당되며, 말먹일 사료 일석은 나의 이십 석에 해당된다. 그러므로 적을 죽이는 것은 사기 또는 적개심으로 하고, 적에게 이득을 취하는 것은 재물로 한다. 그러므로 전차로 싸울 때는, 적의 전차 10승을 빼앗으면 그것을 먼저 빼앗은 자에게 상을 주고, 빼앗은 전차의 깃발을 우리 깃발로 바꾸어 달고, 포로로 잡은 적을 우리 병사와 함께 전차에 배치하며, 포로로 잡은 자들을 잘 대우해주면, 이를 일러 적을 이길수록 더욱 강해진다고 하는 것이다. 그러므로 전쟁이란 빨리 이기는 것을 귀하게 여기지, 오래 끄는 것을 귀하게 여기지 않는다. 그러므로 이러한 전쟁의 속성을 잘 아는 장수는 민중의 생사를 관장하고 국가의 안위를 주재하는 자이다.

# 제3 모공 편

손자가 말하기를, 무릇 용병의 법은, 나라를 온전하게 함을 가장 좋은 것으로 여기고, 나라를 파괴하는 것을 그 다음으로 여기며, 군(12,500명 규모)을 온전하게 함을 가장 좋은 것으로 여기고, 군을 파괴하는 것을 그 다음으로 여기며, 여(500명 규모)를 온전하게 함을 가장 좋은 것으로 여기고, 졸(100명 규모)을 온전하게 함을 가장 좋은 것으로 여기고, 졸을 파괴하는 것을 그 다음으로 여기며, 오(5명 규모)를 온전하게 함을 가장 좋은 것으로 여기고, 오를 파괴하는 것을 그 다음으로 여긴다. 그러므로 백번 싸워서 백번 이기는 것이 가장 좋은 것이 아니고, 싸우지 않고도 적을 굴복시킬 수 있는 것이 가장 좋은 것이다. 그러므로 가장 좋은 병법은 적의 꾀를 치는 것이며, 그 다음은 적의 동맹관계를 치는 것이며, 그 다음은 적의 병력을 치는 것이며, 가장 하책은 성을 공격하는 것이다. 성을 공격하는 법은 부득이할 때 하는 것이니, 노를 준비하고, 기구를 갖추는 데 3개월이 지나야 이루어지며, 거인을 완성하는 데 또 3개월이 지나야 한다. 장수가 그 분노를 이기지 못해서 사졸을 개미처럼 성에 붙어 올라가게 하여 그 삼분의 일을 죽이고도 성을 빼앗지 못하면 이는 공격의 재앙이다. 그러므로 용병을 잘 하는 자는 적의 군사를 굴복시키되 싸우지 않고, 적의 성을 점령하되 공격하지 않고, 적의 나라를 훼손시키되 오래하지 않으니, 반드시 온전함으로써 천하에서 승리를 다투기 때문에, 군사를 둔하게 하지도 않으면서도 이익을 온전하게 할 수 있으니, 이것을 두고 모공의 법이라 한다. 그러므로 용병하는 법은 열 배이면 완전히 포위하고, 다섯 배이면 사방에서 공격하고, 두 배이면 일방적으로 싸우고, 대등하면 적을 가능한 분산시키고, 적으면 가능한 지키고, 적보다 못하면 가능한 피한다. 그러므로 적보다 적은 데도 고집스럽게 버티려 한다면, 많은 병력의 적에게 포로가 된다. 무릇 장수는 나라의 보목과 같으니 보목이 주밀하면 나라가 반드시 강해지고, 보목에 틈이 있으면 나라가 반드시 약해진다. 그러므로 군주가 군에 대해 근심을 끼치는 일이 세 가지가 있으니, 군이 나아가서는 안 됨을 알지 못하고 나아가게 하고, 군이 물러나서는 안 됨을 알지 못하고 물러나게 하는 것이니, 이를 일러 군을 속박한다고 한다. 군대의 일을 알지 못하면서 군대의 정사에 간여하면 군대가 미혹된다. 군대의 전장에서의 임기응변적인 작전을 알지 못하면서 군대의 작전에 간여하면 군대가 의심을 갖게 된다. 군대가 이미 미혹되고 또한 의심을 갖게 되면, 그 틈을 타서 주변 열국의 제후들의 난이 이를 것이니 이를 일러 스스로 군을 어지럽게 하여 승리를 잃는다고 한다. 그러므로 승리를 미리 알 수 있는 다섯 가지가 있다. 더불어 싸울 수 있는지 싸우면 안되는지를 알면 이길 수 있고, 병력이 많고 적음에 따라 적절히 잘 쓸 수 있다면 이길 수 있고, 위와 아래가 하고자 하는 것이 같다면 이길 수 있고, 대비함으로써 그렇지 못하는 적을 기다리면 이길 수 있고, 장수가 능력이 있되 군주가 간섭하지 않으면 이길 수 있다. 이 다섯 가지는 승리를 미리 알 수 있는 방법이다.

그러므로 적을 알고 나를 알면 백번 싸워도 위태롭지 않고, 적을 알지 못하고 나를 알면 한번은 이기고 한번은 지며-승리의 확률은 반이며-적을 알지 못하고 나도 알지 못하면 싸울 때마다 반드시 위태롭다.

# 제4 군형 편

손자가 말하기를, 옛날에 전쟁을 잘 하는 자는 먼저 적이 이길 수 없도록 한 다음에, 적을 이길 수 있는 기회를 기다렸으니, 적이 이길 수 없도록 하는 것은 나에게 달려 있고, 내가 적을 이길 수 있음은 적에게 달려 있다. 그러므로 전쟁을 잘하는 자는 적이 나를 이길 수 없도록 할 수는 있어도, 적으로 하여금 반드시 내가 이길 수 있도록 할 수는 없다. 그러므로 승리할 수 있는지 여부는 알 수 있지만, 내 뜻대로 그렇게 만들 수는 없다고 했다. 이길 수 없는 적을 만나면 방어 위주로 나가고, 이길 수 있는 적을 만나면 공격 위주로 나간다. 방어로 나간다는 것은 즉 적이 여유가 있기 때문이요, 공격으로 나간다는 것은 적이 부족하기 때문이다. 잘 지키는 자는 구지의 아래에 숨으며, 잘 공격하는 자는 구천의 위에서 움직이니, 그러므로 스스로를 보존하여 온전히 승리를 거둘 수 있다. 승리를 볼 때 많은 사람들이 알 정도에 불과하다면 최선의 것이 아니며, 싸움에서 이기되 천하가 잘 했다고 할 정도면 최선의 것이 아니다. 그러므로 가을같이하는 가벼운 털을 들었다고 해서 힘이 세다고 하지 않고, 해와 달을 봤다고 해서 눈이 밝다고 하지 않고, 우레 소리를 들었다고 해서 귀가 밝다고 하지 않는다. 옛날에 이른바 잘 싸우는 자는 쉽게 이기는 데서 이기는 자이다. 그러므로 잘 싸우는 자의 승리에는 기이한 승리도 없고, 지혜로운 명성도 없으며, 용맹스러운 공도 없다. 그러므로 그 싸움에 이김이 어긋나지 않으니, 어긋나지 않는다는 것은 그 조치한 바가 반드시 이기는 데에 있어서 이미 패한 적과 싸워 이기는 것이다. 그러므로 잘 싸우는 자는 패하지 않을 곳에 서서 적이 패할 때를 놓치지 않는다. 이런 까닭에, 이기는 군대는 먼저 이기고 난 이후에 싸움을 구하고, 지는 군대는 먼저 싸우고 난 이후에 이기기를 구한다. 용병을 잘 하는 자는, 도를 닦고 법을 보존하니, 그러므로 능히 승패의 주체가 될 수 있다. 기본법칙은 첫째는 면적의 계측이요, 둘째는 자원의 양이요, 셋째는 군사의 수요, 넷째는 전력의 비교요, 다섯째는 승리의 예측이다. 지형이 넓이를 좌우하고, 넓이가 자원의 양을 좌우하고, 자원의 양이 군사의 수를 좌우하고, 군사의 수가 전력 비교를 좌우하고, 전력 비교가 승리 예측을 좌우하게 된다. 그러므로 승리하는 군대는 마치 일로써 수를 상대하는 것과 같고, 패하는 군대는 수로써 일을 상대하는 것과 같다. 헤아려 보건데 군사를 이끌고 승리하는 자의 싸움은, 막아 둔 물을 천길 계곡으로 터뜨리는 것과 같은 것이니 그것이 군대의 형인 것이다.

# 제5 병세 편

손자가 말하기를, 무릇 많은 사람을 다스림이 적은 사람을 다스림과 같음은 분수(부대편성) 이것에 달려있다. 많은 사람을 싸우게 하기를 적은 사람을 싸우게 함과 같음은 형명(지휘통제수단) 이것에 달려있다. 군대의 무리로 하여금 적의 공격을 받아도 패하지 않게 할 수 있는 것은 기와 정 이것에 달려있다. 군대가 적을 공격함이 마치 숫돌로 알을 깨뜨리듯 쉽게 하는 것은 허와 실 이것에 달려있다. 무릇 전쟁이란 정으로 대치하여, 기로써 승리하는 것이다. 그러므로 기를 잘 쓰는 자는 끝없음이 천지와 같고, 마르지 않음이 강과 바다와 같고, 끝나면 다시 시작하니 해와 달이 이것이고, 죽으면 다시 사니 사시가 이것이다. 소리는 다섯에 불과하나 다섯 소리의 변화를 다 들을 수 없고, 색은 다섯에 불과하나 다섯 색의 변화를 다 볼 수는 없으며, 맛은 다섯에 불과하나 다섯 맛의 변화를 다 맛볼 수는 없다. 전세도 기정 두 가지에 불과하지만 기정의 변화를 다 알 수 없다. 기정은 순환하여 서로 낳는 것이 마치 고리가 끝이 없음과 같으니, 누가 다 알 수 있겠는가? 세차게 흐르는 물이 돌을 떠내려가게 하는 데까지 이르는 것이 세요, 사나운 새가 공격을 해서 먹이의 뼈를 꺾는 것이 절이다. 이러므로 잘 싸우는 자는 그 세가 험하고, 그 절이 짧으니, 세는 마치 꽉 잡아당긴 활과 같고, 절은 그 활을 쏘는 것과 같다. 전쟁을 잘 하는 자는 어지럽게 엉클어져 혼란스럽게 싸우지만 혼란시킬 수 없고, 뒤섞여 원형이 되어도 패배시킬 수 없는 것이다. 어지럽게 보이게 할 수 있는 것은 실은 다스려짐에서 나오고, 겁이 많은 것처럼 보이게 할 수 있는 것은 실은 용기에서 나오는 것이고, 약하게 보이게 할 수 있는 것은 실은 강함에서 나온다. 질서와 혼란은 수의 문제요, 용기와 겁은 세의 문제요, 강하고 약함은 형의 문제다. 그러므로 적을 나의 의도에 따라 잘 움직이게 하는 자는 적을 움직이게 할 수 있는 어떤 형태를 보여주면 적이 반드시 따르게 되고, 작은 이익을 보여주면 적이 반드시 이를 취하게 된다. 이것으로 적을 움직이게 하고, 정예 군사로 적이 달려들기를 기다린다. 그러므로 잘 싸우는 자는 승리를 세의 조성에서 구하지 사람에게서는 구하지 않는다. 그러므로 능히 사람을 잘 택하여 세를 만들게 하니, 세를 만든다는 것은 그 사람을 싸우게 함이 마치 나무와 돌을 굴리는 것처럼 하는 것이다. 나무와 돌의 성질을 보면, 안정된데 두면 고요하고, 가파른데 두면 움직이며, 모나면 정지하고, 둥글면 굴러가는 것이다. 그러므로 잘 싸우는 자의 세는 마치 둥근 돌을 천길 산에서 굴러 내리는 것과 같이 하는 것이니, 그것이 세다.

# 제6 허실 편

손자가 말하기를, 무릇 먼저 싸움터에 가서 적을 기다리는 자는 편안하고, 뒤늦게 싸움터로 달려가서 급하게 싸움을 하는 자는 피곤하다. 그러므로 잘 싸우는 자는 적을 내 의지대로 이끌되 내가 적에 의해 이끌림을 당하지 않는다. 능히 적을 내게로 오게 하려면 적이 내게 옴으로써 이로움이 있다는 것을 보여주어야 하고, 능히 적을 내게로 오지 못하게 하려면 적이 내게 옴으로써 해로움이 있다는 것을 보여주어야 한다. 그러므로 적이 편안하게 있으면 능히 피곤하게 하고, 배부르면 능히 주리게 하고, 움직이지 않으면 능히 움직이도록 하는 것은, 내가 나아가되 적이 반드시 급히 따라야만 하는 곳으로 가기 때문이다. 천리를 가도 내가 피곤하지 않는 것은 적이 없는 곳으로 가기 때문이며, 공격하여 반드시 취할 수 있는 것은 적이 지키지 않는 곳을 공격하기 때문이며, 내가 지키면 반드시 견고한 것은 적이 반드시 공격해 오는 곳을 지키기 때문이다. 그러므로 공격을 잘 하는 자는 적이 지켜야 할 곳을 알지 못하게 하고, 수비를 잘 하는 자는 적이 공격할 곳을 알지 못하게 한다. 미묘하고 미묘하여 무형의 경지까지 이르고, 신묘하고 신묘하여 소리가 없는 지경까지 이르니, 그러므로 능히 적의 운명을 좌우하는 사람이 될 수 있다. 내가 나아가되 적이 나를 막을 수 없는 것은 적의 허를 치기 때문이요, 내가 물러가되 적이 나를 쫓지 못하는 것은 내가 빨라서 적이 따라올 수 없기 때문이다. 그러므로 내가 싸우고자 하면, 적이 아무리 성루를 높이고 참호를 깊이 파도 어쩔 수 없이 나와 싸울 수밖에 없는 것은 적이 반드시 구해야만 하는 곳을 공격하기 때문이다. 내가 싸우고자 하지 않으면, 땅에 선만 긋고 지키더라도 적이 어쩔 수 없이 나와 싸우지 못하는 것은 적이 기도하는 바를 미리 어그러뜨리기 때문이다. 그러므로 적은 드러나게 하되 나는 드러나지 않으면, 나는 병력을 집중하고 적은 병력을 분산하게 된다. 나는 병력을 집중하여 하나가 되고, 적은 분산하여 열로 나누어지니, 이것은 열배의 병력으로 하나를 공격하는 셈이 된다. 그렇게 되면 나는 많고 적은 적어지니, 많은 수로 적은 수를 공격할 수 있으면 내가 더불어 싸우는 상대는 쉬워진다. 내가 적과 더불어 싸우게 될 곳을 적이 알 수 없으니, 이것을 알 수 없으면 적이 대비해야 할 곳이 많아지고, 적이 대비해야할 곳이 많아지면 내가 더불어 싸울 적은 적어진다. 그러므로 앞을 방비하면 뒤가 적어지고 뒤를 방비하면 앞이 적어지며, 왼쪽을 방비하면 오른쪽이 적어지고, 오른쪽을 방비하면 왼쪽이 적어져, 방비하지 않는 곳이 없게 한다면 병력이 적어지지 않는 곳이 없다. 내가 병력이 적다는 것은 내가 적을 대비하기 때문이요, 내가 병력이 많다는 것은 적으로 하여금 나를 대비하게 하기 때문이다. 그러므로 싸울 곳을 알고 싸울 날을 알면 천리나 되는 먼 길을 가서라도 싸울 수 있지만, 싸울 곳을 모르고 싸울 날을 모르면 좌군이 우군을 구하지 못하고, 우군이 좌군을 구하지 못하며, 전위가 후위를 구하지 못하고, 후위가 전위를 구하지 못할 것이니, 하물며 서로간의 거리가 먼 경우는 수십 리나 되고, 가깝더라도 수리나 떨어져 있는 경우에 있어서랴! 나의 생각으로 헤아려보건대, 월나라의 병력이 비록 많다고 해도 또한 어찌 이기는 데 보탬이 되겠는가? 그러므로 승리는 만들 수 있다고 하였으니, 적이 비록 많다하더라도 적으로 하여금 가히 싸우지 못하게 할 수 있다. 그러므로 적 계책을 자세히 헤아려 적 계책의 득실을 파악하고, 적을 움직이게 하여 적 동정의 이치를 파악하고, 적을 드러나게 하여 그들이 생지에 있는지 사지에 있는지를 파악하고, 적과 부딪쳐 적의 어느 곳이 여유가 있고 어느 곳이 부족한 지를 안다. 군대 형태의 극치는 어떤 특정한 형태가 없는 것에 이르게 하는 것이니, 형태가 없다면 우리 진영에 깊이 들어와 있는 간첩도 엿볼 수 없고, 비록 적에게 지혜가 있는 자가 있더라도 능히 꾀를 도모할 수 없다. 적의 드러난 형태에 따라 사람들 앞에서 승리를 거두어도 사람들은 어떻게 해서 승리를 했는지 알지 못한다. 사람들은 다 내가 승리한 겉모양은 알 수 있을지라도 승리를 만든 그 속모양은 알지 못한다. 그러므로 싸움에서 승리의 방법은 두 번 사용하지 않고, 적과 나의 형세에 따라 무궁하게 응용해 나가는 것이다. 무릇 군대의 운용은 물의 성질을 닮았으니, 물의 성질은 높은 곳을 피해 낮은 곳으로 흘러가고, 군대의 운용은 적의 허를 피해 허한 곳을 공격한다. 물은 땅의 형태에 따라 갈 길을 잡아 나가며, 군대는 적의 형태에 따라 승리를 만들어 나간다. 그러므로 군대에는 고정된 세나 변하지 않는 형이 없고, 적의 변화에 따라 적절히 대응하여 승리를 얻는 것이니, 이 정도가 되면 신이라고 한다. 오행의 어느 요소도 다른 모든 요소를 이길 수는 없으며,

네 계절도 언제나 고정됨이 없으며, 해도 길고 짧음이 있고, 달도 차고 기울어짐이 있다.

# 제7 군쟁 편

손자가 말하기를, 무릇 용병하는 법은 장수가 군주에게 명령을 받아 백성을 징집하여 군대를 조직하고, 적군과 대치하고 자리를 잡게 되는 데, 이러한 과정을 지나 군쟁 만큼 어려운 것이 없다. 군쟁이 어렵다는 것은, 내가 돌아감으로써 곧바로 가는 길로 만들고, 나의 근심꺼리를 이로운 것으로 만들어야 하기 때문이다. 그러므로 그 길을 내가 멀리 돌아가더라도 적에게 이로운 듯이 유인하여 적보다 늦게 출발하고도 더 빨리 도착하는 것이니 이것을 우직지계를 아는 것이라 한다. 그러므로 군쟁에는 유리함도 있고 군쟁에는 위태함도 있다. 치중부대를 포함한 모든 군대를 이끌고 이익을 다투려하면 제

시간에 이르지 못하고, 선발된 정예부대로만 이익을 다투려하면 치중부대는 버려진다. 이런 까닭에 갑옷을 벗어 던질 정도로 서둘러 달려가 밤낮을 쉬지 않고 두 배의 거리를 강행군하여 이익을 얻으려 싸운다면, 삼군의 장수가 사로잡힐 것이며, 건장한 자는 먼저 가고, 피로한 자는 뒤에 남아, 그 방법으로는 십분의 일만 도달하게 된다. 오십리를 달려가 이익을 얻으려 싸운다면 상군의 장수가 꺾일 것이니, 이러한 방법으로는 전체의 반 정도만 도달하게 되고, 삼십리를 달려가 이익을 얻으려 싸운다면, 전체의 삼분의 일만 도달하게 될 것이다. 이런 까닭에 군에 치중이 없으면 망하고, 양식이 없으면 망하고, 보급물자의 축적이 없으면 망한다. 그러므로 제후의 기도를 모르면 미리 외교관계를 맺을 수 없고, 삼림과 험한 곳, 소택지 등의 지형을 알지 못하면 행군을 할 수 없고, 지역의 길 안내자를 쓰지 않으면 지형의 이로움을 얻을 수 없다. 그러므로 군사작전은 적을 속임으로써 승리의 여건을 만들고, 이익에 따라 움직이며, 분산과 집중으로 변화를 만드는 것이다. 그러므로 그 신속함은 바람과 같이 빠르게 하고, 그 느림은 숲과 같이 은밀히 하고, 침략할 때는 불과 같이 맹렬히 하고, 움직이지 않을 때는 산과 같이 장중히 하고, 움직일 때는 번개와 같이 빠르게 한다. 마을을 약탈할 때는 병력을 여러 갈래로 나누어 하고, 땅을 개척하되 병력을 나누어 개척한 땅의 이로움을 지키며, 상황판단을 하여 적을 헤아린 후에 움직이고, 먼저 우직지계를 아는 자가 이기니 이러한 것들이 바로 군쟁의 법칙이다. 군정(옛 병서 이름)에 이르기를, 말소리가 서로 들리지 않기 때문에 징과 북을 사용하고, 신호가 서로 보이지 않기 때문에 깃발을 사용한다고 한다. 그러므로 밤에 싸울 때는 징과 북을 많이 쓰고, 낮에 싸울 때는 깃발을 많이 쓴다. 무릇 징과 북과 깃발은 사람의 눈과 귀를 하나로 모으기 때문에, 사람들이 하나가 되면, 용감한 자도 혼자 앞으로 나아갈 수 없고, 비겁한 자도 혼자 물러설 수 없으니, 이것이 많은 병력을 운용하는 법이다. 그러므로 삼군에 있어서는 가히 사기를 빼앗아야 하고, 장군에 있어서는 가히 마음을 빼앗아야 한다. 이런 까닭에, 아침에는 기세가 충천하고, 낮에는 기세가 늘어지며, 저녁에는 기세가 수그러드니, 그러므로 용병을 잘하는 자는 적의 날카로운 기세를 피하여, 늘어지고 수그러질 때까지 기다렸다가 공격한다. 이것이 기를 다스리는 법이다. 나는 정돈된 상태에서 적의 어지러움을 맞이하고, 나는 정숙한 상태에서 적의 소란함을 맞이하니, 이것이 마음을 다스리는 법이다. 가까움으로써 먼 것을 맞이하고, 편안함으로써 지친 적을 맞이하고, 배부름으로써 주린 적을 맞이하니, 이것이 힘을 다스리는 것이다. 깃발이 정연한 적을 맞아 치지 않고, 당당한 진을 갖춘 적을 맞아 공격하지 않으니, 이것이 변화를 다스리는 법이다. 그러므로 용병의 법은, 적이 높은 곳에 있으면 위를 향하여 싸우지 말고, 언덕을 뒤에 두고 있으면 거슬러 오르면서 싸우지 말며, 거짓으로 달아나면 좇지 말고, 사기가 왕성한 적은 공격하지 말며, 병사를 미끼로 보내어 싸우고자 해도 싸우지 말고, 고향으로 돌아가려고 하면 갈 길을 막고 싸우지 말며, 적을 포위했을 때는 한쪽 구멍을 터주고, 적이 궁핍한 지경에 있으면 너무 핍박하지 말아야 하니, 이것이 용병의 법이다.

# 제8 구변 편

손자가 말하기를, 용병의 법에 장수가 군주의 명을 받고, 부대와 병력을 모은 후에, (1) 소택지에서는 숙영하지 말며, (2) 사통팔달 요충지에서는 주변 나라와 외교관계 맺기에 힘쓰며, (3) 메마른 곳에서는 머무르지 말며, (4) 빙 둘러싸인 곳에서는 즉각 계책을 세우며, (5) 사지에서는 즉시 결전한다. (1) 길이라도 가지 말아야 할 길이 있고, (2) 군대라도 치지 말아야 할 군대가 있고, (3) 성이라도 공격하지 말아야 할 성이 있고, (4) 땅이라도 다투지 말아야 할 땅이 있고, (5) 군주의 명령이라도 듣지 말아야 할 바가 있다. 그러므로 장수가 구변의 이로움에 통달하면 용병의 법을 잘 안다고 할 수 있다. 장수가 구변의 이로움에 통달하지 못한다면 비록 지형을 알지라도 지형의 이점을 얻지 못할 것이다. 군대를 다스림에 있어서 구변의 방법을 알지 못하면 비록 오리를 알더라도 사람을 제대로 쓰지 못할 것이다. 이런 까닭으로, 지혜로운 사람의 생각에는 반드시 이로움과 해로움의 양면을 함께 고려하니, 이로움과 해로움이 섞여 있는 그 가운데서 이로움을 충분히 고려하면 임무 완수를 믿을 수 있고, 이로움과 해로움이 섞여 있는 그 가운데서 해로움을 충분히 생각하면 걱정과 근심을 미리 풀 수 있다. 이런 까닭으로, 적국의 제후를 굴복시키려면 굴복하지 않을 때 받을 수 있는 해로움을 보여주고, 적국의 제후를 부리려면 일거리를 만들어주고, 적국의 제후를 바쁘게 뛰어다니게 하려면 이로움을 보여준다.

그러므로 용병의 법은, 적이 오지 않으리라는 것을 믿지 말고, 나에게 적이 올 것에 대한 대비가 되어 있음을 믿어야 하며, 적이 공격하지 않으리라는 바람을 믿지 말고, 나에게 적이 감히 공격하지 못하게 할 만한 준비가 되어 있음을 믿을 수 있어야 한다. 그러므로 장수에게 다섯 가지 위험한 것이 있으니, 반드시 죽고자 하면 죽을 수 있고, 반드시 살고자 하면 포로가 될 수 있고, 급하게 성을 내면 업신여김을 당할 수 있고, 지나치게 깨끗하고자 하면 수치심을 당할 수 있고, 백성을 지나치게 아끼면 번거러울 수 있다. 무릇 이 다섯 가지는 장수의 허물이요 용병의 재앙이다. 군대를 무너뜨리고 장수를 죽게 하는 것이 반드시 다섯 가지 위태로운 일 때문이니 살피지 않을 수 없다.

# 제9 행군 편

손자가 말하기를, 군대를 배치하고, 적과 마주함에 있어서, 산을 가로질러 통과할 때는 계곡을 따라 움직이고, 산에서 진을 칠 때는 생지를 바라보는 높은 곳에 위치하며, 높은 곳에 있는 적과 싸우기 위해 거슬러 오르지 말아야 하니, 이것이 산에 있는 군대가 싸우는 요령이다. 강을 건너면 반드시 강에서 멀리 떨어지고, 적이 강을 건너면 물속에서 맞아 싸우지 말고, 반쯤 건너게 한 뒤에 공격하면 유리하다. 싸우기를 원하면, 물가에 바짝 붙어 싸우지 말고, 생지를 보면서 높은 곳에 위치하여, 물 흐름을 거스르지 말아야 하니, 이것이 물가에 있는 군대가 싸우는 요령이다. 소택지를 지날 때는, 오직 빨리 지나가고 머뭇거리지 말아야 하니, 만약 소택지 속에서 전투를 하게 되면 반드시 수초에 가까이 붙고 숲을 등진 상태로 싸울지니, 이것이 소택지에 있는 군대가 싸우는 요령이다.

평지에서는 평탄한 곳에 위치하고, 주력 부대는 높은 지역을 등에 지고 주둔한다. 앞은 낮게 뒤는 높게 지형을 택하니 이것이 평지에 있는 군대가 싸우는 요령이다. 무릇 이 네 가지 지형의 이용법은 황제가 주변의 제왕들을 굴복시킨 이치다.

무릇 군대가 주둔할 때는 높은 곳이 좋고 낮은 곳은 나쁘다. 양지 바른 곳은 좋고 음지가 있는 곳은 나쁘다. 풀이 있는 곳에서 말을 먹이고 쾌적한 곳에서 병사들을 쉬게 한다. 이렇게 하면 군대에 병이 없을 것이니, 이것을 일러 반드시 이기는 태세라 한다. 구릉과 제방에서는 반드시 해가 비치는 곳에 자리를 잡되, 주력 부대가 구릉과 제방을 등지게 한다. 이것이 용병의 이점을 살리는 것으로서 지세가 보조해 주기 때문이다. 상류에 비가 와서 물거품이 떠내려 오면 건너지 말고 물이 안정될 때까지 기다린다. 깎아지른 산골짜기 계곡, 움푹 들어간 곳, 빠져 나오기 힘든 곳, 초목이 빽빽이 우거진 곳, 질퍽질퍽하여 빠지는 곳, 좁고 구덩이가 많은 곳을 지날 때는 반드시 빨리 지나가고 가까이해서는 안 된다. 아군은 멀리 하고, 적군은 가까이 하게 하며, 아군은 마주보고, 적군은 등지게 한다. 군대 주변에 험준한 땅, 웅덩이, 갈대 숲, 무성한 수풀이 있으면, 반드시 신중하게 반복해서 수색해야 하니, 이런 곳은 복병이 숨어 있는 곳이기 때문이다. 적이 가까이 있으면서도 조용한 것은 지형의 험함을 믿기 때문이요, 적이 멀리 있으면서도 도발하는 것은 아군이 진격하기를 바라는 것이다. 숙영하고 있는 곳이 평탄한 곳이면 유리하고, 많은 나무가 움직이는 것은 적이 오는 것이며, 풀밭에 장애물이 많은 것은 의심을 불러일으키려는 것이다. 새가 날아오르는 것은 복병이 있는 것이요, 짐승이 놀라 달아나는 것은 적이 수색하고 있기 때문이다. 먼지가 날카롭게 피어오르는 것은 적의 전차대가 오는 것이고, 먼지가 낮고 넓게 깔리는 것은 보병이 오고 있는 것이며, 먼지가 여러 곳에서 가늘게 일어나고 있는 것은 땔나무를 하고 있는 것이고, 먼지가 조금씩 피어오르고 왔다갔다 하면 숙영 준비를 하고 있는 것이다. 말은 자신을 낮추면서도 더욱 많이 준비하는 것은 진격을 하려는 것이요, 말이 강경하면서 당장 진격하려는 듯이 하는 것은 물러가려는 것이다. 경전차가 먼저 나와서 양측에 서는 것은 진형을 갖추는 것이요, 아무 약조도 없이 강화를 청하는 것은 어떤 모략이 있는 것이요, 분주히 뛰어다니며 병력과 전차를 배열하는 것은 전투를 기하려는 것이요, 반쯤 전진했다가 반쯤 후퇴하는 것은 아군을 유인하려는 것이다. 지팡이에 기대어 서 있는 것은 굶주린 것이요, 물을 길으면서 먼저 물을 마시는 것은 목이 마르다는 것이요, 이익을 보고도 진격하지 않는 것은 피로하다는 것이다. 새가 모이는 것은 진영이 텅 비어 있음이요, 한밤중에 소리를 지르는 것은 겁에 질려 있다는 것이요, 군이 어지러운 것은 장수가 위엄이 없는 것이요, 깃발이 흔들리는 것은 혼란에 빠진 것이요, 간부가 성을 내는 것은 부하들이 게을러져 있기 때문이다. 군량을 말에게 먹이고, 그 말을 잡아 고기를 먹으며, 물 항아리를 깨뜨려 없애버리고, 막사로 돌아오지 않는 것은, 궁지에 몰려 죽음을 각오하고 싸우려는 것이다. 장수가 부하들에게 명령할 때 간곡한 어조로 아부하듯이 말하고 자신감 없이 느린 말로 더듬더듬하는 것은 병사들의 신망을 잃었기 때문이요, 자주 상을 주는 것은 궁색해졌기 때문이요, 자주 벌을 주는 것은 어려워졌기 때문이요, 난폭하게 한 후에 부하들을 겁내는 것은 장수 자신의 임무에 지극히 정교하지 못한 처사다. 사자가 와서 사과를 하는 것은 휴식을 원하기 때문이다. 적이 분노한 채로 달려와 서로 마주했지만, 오랫동안 싸우지 않고 또한 떠나지도 않으면 반드시 신중히 살펴보아야 한다. 병사가 많다고 해서 이로운 것이 아니라 다만 무력을 믿고 함부로 나아가지 말아야 하니, 힘을 충분히 모으고, 적정을 살피며, 병사들의 마음을 얻으면 될 따름이다. 무릇 깊이 생각하지 않고 적을 가벼이 여기는 장수는 반드시 적에게 사로잡힌다. 사졸들이 아직 친하게 되고 순종하지 않은 상태인데 벌을 주게 되면 복종하지 않게 되고, 복종하지 않게 되면 쓰기 어렵다. 사졸들이 이미 친하게 되고 순종하는 데도 잘못에 대해 벌을 주지 않으면 이 또한 쓸 수 없다. 그러므로 장수는 부드러움과 너그러움으로써 사졸들의 마음을 합하고, 엄한 형벌로써 군기를 잡으니, 이렇게 하는 것을 일러 반드시 사졸의 마음을 얻는다고 한다. 장수가 평소에 행하던 대로 명령하여 부하들을 가르치면 부하들이 복종할 것이며, 평소에 행하지 않던 것을 명령하여 부하들을 억지로 가르치려 한다면 부하들이 복종하지 않을 것이니, 평소에 행하던 대로 명령을 하면 부하들이 기꺼이 복종하는 이유는 그들과 더불어 마음이 하나가 되기 때문이다.

# 제10 지형 편

손자가 말하기를, 지형에는 통형, 괘형, 지형, 애형, 험형, 원형이 있다고 했다. 아군도 쉽게 갈 수 있고 적군도 쉽게 올 수 있는 곳을 통이라 한다. 통형에서는 먼저 높고 양지 바른 곳을 점거하고, 보급로를 이롭게 할 것이니, 그렇게 해서 싸우면 유리할 것이다. 갈 수는 있지만 돌아오기는 어려운 곳을 괘라고 한다. 괘형에서는 적이 대비하고 있지 않으면 나아가 이길 수 있으나, 적이 대비하고 있어 나아가 이기지 못한다면 되돌아오기 어려우니 불리하다. 내가 나아가도 불리하고, 적이 나아가도 불리한 곳을 지라 한다. 지형에서는 적이 비록 나를 이로움으로 유인하더라도 내가 나아가서는 안 되고, 적을 유인하여 물러나 적으로 하여금 반쯤 나오게 한 후에 이를 공격하면 유리하다. 애형에서는 내가 먼저 위치하게 되면 반드시 그곳에 충분히 군사를 채우고 나서 적을 기다려야 한다. 만약 적이 먼저 위치하여, 군사를 채우고 있으면 들어가지 말아야 하고, 군사를 채우지 않았으면 쫓아 들어간다. 험형에서는 내가 먼저 점거하면 반드시 높고 양지 바른 곳을 차지하여 적을 맞이하고, 만약 적이 먼저 위치했으면 군사를 이끌고 물러나야 하며, 들어가서는 안 된다. 원형에서는 이해득실이 비슷하므로 싸움을 걸기가 어려우니, 억지로 먼저 싸우게 되면 불리하다. 무릇 이 여섯 가지는 지형 활용법으로 장수의 중요한 임무니 깊이 생각해야 한다. 그러므로 군대에는 주, 이, 함, 붕, 난, 배가 있는 데, 무릇 이 여섯 가지는 자연의 재해가 아니라 장수의 잘못 때문에 생기는 것이다. 세력이 비슷한데 1로써 10을 공격하게 되면 달아나게 되니 주요, 병사들은 강한데 이에 비해 간부들이 약하면 통제가 되지 않아서 이요, 간부들은 강한데 이에 비해 병사들이 약하면 싸우면 무너질 수밖에 없어서 함이라 한다. 고급간부가 화를 내면서 최고 지휘관의 명령에 불복하고, 적을 만나면 원망하며 제멋대로 싸우는데, 장수가 그 능력을 모른다면 그러한 군대는 붕괴되니 붕이라 한다. 장수가 약하여 위엄이 없고, 가르침이 명백하지 못하며, 간부와 병사 간에 군기가 없고, 진을 펴는 것이 종횡으로 어지러우면, 이를 란이라 한다. 장수가 적을 헤아리지 못하여 적은 병력으로 많은 병력과 싸우게 하고, 약한 병력으로 강한 적을 공격하게 하며, 군대에 정예한 선봉부대가 남아있지 않는 것을, 패배한 군대 즉 배라한다. 무릇 이 여섯 가지는 패배하는 길로서 장수의 중대한 업무분야이니 신중히 살펴야 한다. 무릇 지형이란 용병을 돕는 것이다. 적을 헤아려 승리태세를 만들어가며, 지형의 험하고 평탄함과 멀고 가까움을 운용하는 것은 최고 장수의 책임분야다. 이것을 알고 용병하면 반드시 이기고, 이것을 모르고 용병하면 반드시 패한다. 그러므로 싸움의 법칙에 비추어 볼 때 반드시 이길 수 있다면 비록 군주가 싸우지 말라고 해도 반드시 싸우는 것이 가하고, 싸움의 법칙에 비추어 볼 때 이기지 못하면 군주가 반드시 싸우라고 해도 싸우지 않는 것이 가하다. 그러므로 나아감에 사사로운 명예를 구하지 아니하고, 물러남에 죄를 피하지 않으며, 오직 백성을 위하고 군주에게 이로우려 한다면 이는 나라의 보배다. 병사 보기를 어린 아이 돌보 듯하면 그와 더불어 깊은 계곡에도 갈 수 있고, 병사 보기를 사랑하는 자식같이 하면 그와 더불어 죽을 수도 있다. 후하게 대한다고 일을 시키지도 못하고, 사랑한다고 명령을 내리지도 못하고, 어지러워도 다스리지 못한다면, 마치 버릇없는 자식 같아서 쓸 수가 없다. 나의 병력이 공격할 만하다는 것을 알더라도, 적이 나보다 더 강하여 공격할 수 없음을 알지 못한다면, 승리의 확률은 반이다. 적이 공격할 만하다는 것을 알더라도, 내 병력이 상대적으로 적과 비교할 때 공격할 만하지 못하다는 것을 알지 못한다면, 승리의 확률은 반이다. 적의 정황이 공격할 만하다는 것을 알고, 내 병력이 적을 공격할 만하다는 것을 알더라도, 지형이 싸울 만하지 못하다는 것을 알지 못한다면, 승리의 확률은 반이다. 그러므로 용병을 아는 자는, 사람을 움직이되 미혹되지 않고, 거사를 하되 곤궁해지지 않는다. 그러므로 적을 알고 나를 알면 승리함에 이에 위태하지 않고, 천시를 알고 지리를 알면 승리함에 이에 가히 온전해질 수 있다.

# 제11 구지 편

손자가 말하기를, 용병의 법에 산지, 경지, 쟁지, 교지, 구지, 중지, 비지, 위지, 사지가 있다. 제후가 스스로 자기 영토 내에서 싸우는 곳을 산지라 하고, 적의 땅에 들어가되 깊이 들어가지 않은 곳을 경지라 한다. 내가 얻어도 유리하고, 적이 얻어도 유리한 곳을 쟁지라 한다. 내가 갈 수도 있고, 적도 올 수도 있는 곳을 교지라 한다. 아국과 적국 그리고 제3국의 국경이 서로 접한 곳으로서 먼저 가서 점령하게 되면 천하의 백성을 얻을 수 있는 곳을 구지라 한다. 적국 깊숙이 들어가 배후에 적의 성읍이 많이 있는 곳을 중지라 한다. 산림과 험한 지형과 소택지 등 지나가기 어려운 곳을 비지라 한다. 들어오는 곳이 좁고, 돌아가는 곳이 구불구불하며, 적의 적은 병력으로 나의 많은 병력을 공격할 수 있는 곳을 위지라 한다. 서둘러 싸우면 살지만, 서둘러 싸우지 않으면 죽게 되는 곳을 사지라 한다. 이런 까닭에, 산지에서는 싸우지 말고, 경지에서는 머물지 말고, 쟁지에서는 공격하지 말고, 교지에서는 부대간의 연락을 단절시키지 말고, 구지에서는 외교 친선에 힘쓰고, 중지에서는 현지 조달에 힘쓰고, 비지에서는 신속히 지나가고, 위지에서는 계책을 쓰고, 사지에서는 죽기로 싸워야 한다. 이른바 옛날에 용병을 잘하는 사람은, 적으로 하여금 앞과 뒤가 서로 연계되지 못하게 하고, 주력 본대와 소부대가 서로 믿고 의지하지 못하게 하고, 상급자와 하급자가 서로 구하지 못하게 하고, 상하가 서로 기대지 못하게 하고, 병사들이 흩어져 모이지 못하게 하고, 집결되어도 정연하지 못하게 했다. 이익에 맞으면 움직이고, 이익에 맞지 않으면 그친다. 감히 묻건대, 적이 우세하고 정연한 태세로 오면 어떻게 대처하겠는가? 말하되,

먼저 적이 가장 아끼는 것을 빼앗으면 내말을 순순히 따를 것이다. 군사작전의 으뜸은 신속함이니, 적이 미치지 못하는 틈을 타, 생각지도 못한 길을 경유하여, 경계하지 않는 곳을 공격해야 한다. 무릇 원정 작전의 요령은, 깊이 들어가면 굳게 뭉치게 되어 적이 대항하지 못하는 것이니, 적의 풍요한 농지에서 좋은 곡식을 약탈하여 전군을 충분히 먹이고, 힘을 비축하고 피로하지 않게 하며, 사기를 진작시키고 힘을 쌓으며, 군대를 운용하며 책략을 세우되, 가히 적이 예측하지 못하도록 한다. 갈데 없는 곳에 투입하면 죽더라도 도망하지 않으니, 죽게 되었는데 어찌 병사들이 힘을 다하지 않겠는가. 병사들은 심한 위험에 빠지면 오히려 두려워하지 않고, 갈 곳이 없으면 마음을 굳게 먹으며, 적지에 깊이 들어가면 뭉치고, 어쩔 수 없으면 싸우게 된다. 이런 까닭에, 그 병사들은 별도로 지도하지 않아도 스스로 경계하며, 요구하지 않아도 따르며, 언약으로 얽매지 않아도 서로 친해지며, 명령하지 않아도 믿을 것이니 미신이나 유언비어를 금지하여 미혹을 없애면, 죽음에 이르러도 달아나지 않을 것이다. 나의 병사들이 재물을 남기지 않음은 재화를 싫어해서가 아니며, 남은 목숨을 아끼지 않음은 오래 사는 것을 싫어해서가 아니다. 명령이 떨어지는 날이면 병사들 중에 앉은 자는 눈물이 옷깃을 적시고, 누운 자는 눈물이 턱으로 흐른다. 이들을 갈 곳 없는 곳에 던져 넣으면, 전제나 조궤와 같은 용기를 보인다. 그러므로 용병을 잘하는 자는, 비유하건데 용병하기를 솔연과 같이 하니, 솔연은 항산에 사는 뱀으로, 그 머리를 치면 꼬리가 덤비고, 그 꼬리를 치면 머리가 덤비며, 그 허리를 치면 머리와 꼬리가 함께 덤빈다. 감히 묻건대, 병사들을 솔연처럼 되게 할 수 있는가? 말하기를, 가능하다. 무릇 월나라 사람이 오나라 사람과 더불어 서로 미워하지만, 같은 배를 타고 건너갈 때에 위험한 상황이 생기면 마치 좌우의 손처럼 서로 도울 것이다. 이런 까닭에, 말을 묶어놓고 수레바퀴를 땅에 묻더라도, 아직 믿을 수 있는 것은 아니다. 병사들로 하여금 마음을 합하고 용감하게 하여 하나처럼 만드는 것이, 군대를 다스리는 도이며, 강한 자나 유약한 자가 가지고 있는 힘을 모두 얻을 수 있게 하는 것이 지세를 이용하는 이치다. 그러므로 용병을 잘 하는 자는, 마치 한 사람처럼 손에 손을 잡고 협력하게 하니, 그렇게 하지 않을 수 없게 하기 때문이다. 장수의 일은 고요해서 어둠 속 같고, 올바르게 해서 다스리는 것이니, 사졸들의 눈과 귀를 어리석게 만들어 그들이 알지 못하게 해야 한다. 그 일을 바꾸고 그 계략을 고치되 남들이 알지 못하도록 하고, 그 주둔지를 바꾸고, 그 길을 가되, 남들이 헤아리지 못하도록 한다. 장수가 병사와 더불어 결전을 기하되, 마치 높은 곳에 오르게 하고 사다리를 치워버리듯 하며, 장수가 병사와 더불어 제후의 땅 깊숙이 들어가되 마치 궁노를 발사하듯이 하고, 마치 양떼를 몰고 가며 몰고 옴에 그들이 알지 못하게 하는 것과 같다. 삼군의 군사를 모아서 위험한 곳에 투입하는 것, 이것이 이른바 장군의 일이다. 구지의 변화와 군대를 굽히고 펴는 것의 이로움, 사람의 심리변화의 이치 등은 잘 살피지 않으면 안 된다. 무릇 원정군의 입장에서는 깊이 들어가면 단결하게 되고, 얕게 들어가게 되면 마음이 흩어진다. 나라를 떠나 국경을 넘어서 군대를 부리는 곳이 절지요, 사방으로 통하는 곳이 구지요, 깊이 들어간 곳이 중지요, 얕게 들어간 곳이 경지요, 뒤는 험하고 앞은 좁은 곳이 위지요, 나갈 데가 없는 곳이 사지다. 이런 까닭에, 산지에서는 내 장차 병사들의 뜻을 하나로 해야 하고, 경지에서는 내 장차 각 부대간의 결속을 긴밀히 해야 하고, 쟁지에서는 내 장차 오래 끌며 머무르지 말아야 하고, 교지에서는 내 장차 피아가 진출이 용이한 지형이니 후속지원부대 등의 결합을 확고히 해야 하고, 구지에서는 내 장차 인접국가와 맺은 외교관계를 삼가 믿을 수 있게 해야 하고, 중지에서는 내 장차 식량과 보급품 등이 그 뒤를 따르도록 해야 하고, 비지에서는 내 장차 신속히 통과해야 하고, 위지에서는 내 장차 도망갈 곳을 봉쇄해야 하고, 사지에서는 내 장차 살아남을 수 없음을 보여주어야 한다. 그러므로 병사들의 심리는 포위되면 스스로 방어하고, 어쩔 수 없으면 싸우며, 막히면 명령에 따른다. 이런 까닭에, 제후의 계략을 모르면 사전에 외교관계를 맺을 수 없고, 산림과 험난한 지형, 소택지 등의 지형을 알지 못하면 행군할 수 없고, 지역 안내자를 쓰지 않으면 지형의 이점을 얻을 수 없다. 구지 중에 하나라도 모르면 왕패의 군대가 아니다. 무릇 왕패의 군대는, 그가 큰나라를 정벌하게 되면, 그 큰 나라가 미처 군대를 집결시키지 못하게 되고, 압도적인 위세를 적국에게 가하여, 그 외교관계를 맺지 못하게 한다. 이런 까닭에, 천하의 외교문제를 다투지 않고, 적대세력을 키우지도 않고, 자신의 위세를 펼쳐서 적에게 적용하면, 적의 성을 함락시킬 수 있고, 그 나라를 멸망시킬 수 있는 것이다. 법에도 없는 파격적인 상을 내리고, 정사에도 없는 법령을 내걸면, 삼군의 무리를 지휘함이 마치 한 사람을 지휘함과 같을 것이다.

일로 움직이게 하되, 말로 고하지 말며, 해로움으로 움직이게 하되, 요행을 바라는 이로움으로 고하지 말아야 한다. 망지에 던진 후에야 살아남을 수 있고, 사지에 빠뜨린 후에야 살아남을 수 있으니, 무릇 병사들은 해로운 처지에 빠진 후에야 승패를 결할 수 있다. 그러므로 전쟁이라는 일은, 적의 의도를 따라 순순히 응해주다가, 호기가 포착되면 힘을 한 방향으로 투입하여, 천리를 달려가 적장을 죽이는 것이니, 이를 일러 교묘히 일을 이룬다고 한다. 이런 까닭에, 전쟁이 결정된 날에는, 관문을 막고 통행증을 폐지하며, 적국의 사신을 통과시키지 말아야 하며, 조정회의에서는 전의를 독려해서, 전쟁에 관한 일을 결단한다. 적군이 바깥 문을 열면, 반드시 재빠르게 들어가서, 먼저 적국의 중요한 요지를 공격하고, 그리고 일단 적과 싸움을 기하지 말고 있다가, 원칙을 고수하는 것을 버리고 적측의 행동에 즉응하여, 결전 여부를 결정한다. 이런 까닭에, 처음에는 처녀처럼 얌전히 행동하여 적이 방심하여 문을 열게 하고,

나중에는 달아나는 토끼처럼 재빨리 행동하여 적이 미처 막을 수 없도록 한다.

# 제12 화공 편

손자가 말하기를, 무릇 화공에는 다섯 가지가 있는데, 첫째는 사람을 태우는 것이요, 둘째는 쌓아놓은 식량과 땔감을 태우는 것이요, 셋째는 보급품 수레를 태우는 것이요, 넷째는 창고를 태우는 것이요, 다섯째는 적의 교통로와 보급로를 태우는 것이다. 화공을 행할 때는 반드시 조건이 있으니, 이러한 조건은 반드시 평소에 갖추어 놓아야 한다. 불을 놓을 때는 적당한 시기가 있고, 불을 일으킴에는 적당한 날이 있는 것이다. 불 놓을 시기란 기후가 건조한 때요, 날이란 달이 기, 벽, 익, 진이라는 별자리에 있을 때니, 무릇 이 네 별자리는 바람이 일어나는 날이다. 무릇 화공은 반드시 다섯가지 화공법에 따라 나타나는 적의 변화에 따라 대응해야 한다. (1) 불이 안에서 일어났으면, 서둘러 밖에서 응한다. 불이 났는데도 적군이 고요하면 공격하지 말아야 하니, 화력이 다할 때까지 끝까지 기다리고 있다가 적군이 빈틈을 보여 좇을 만하면 좇고, 좇을 만하지 않으면 그만두어야 한다. (2) 밖에서 불을 지를 수 있으면, 안에서 불 지르기를 기다리지 말고, 때에 맞게 지른다. (3) 불을 지를 때는 바람머리 쪽에서 질러야 하며, (4) 바람 아래쪽에서 위로 공격하지 말아야 한다. (5) 낮바람이 오래 불면 밤바람은 그친다. 무릇 군은 반드시 다섯 가지 화공의 변화규칙을 알고, 헤아려 따라야 한다. 그러므로 불로 공격을 도우려면 현명해야 하고, 물로 공격을 도우려면 강해야 한다. 물로 적을 고립시킬 수는 있어도 가히 없어지게 할 수는 없다. 무릇 싸움에서 이기고 공격하여 전리품, 영토 등을 취했더라도, 그 공로에 따라 적절히 포상하지 않으면 흉할 것이니, 이를 비류라고 한다. 그러므로 현명한 군주는 공에 따라 상주는 일을 신중히 생각하고, 어진 장수는 공에 따라 상주는 일을 진지하게 시행한다. 유리하지 않으면 움직이지 말아야 하며, 승리를 얻을 만하지 않으면 군사를 쓰지 말아야 하며, 위태롭지 않으면 싸우지 말아야 한다. 군주는 분노로 인해 군사를 일으켜서는 안 되며, 장수는 성냄으로 싸움을 해서는 안 된다. 이익에 합치되면 움직이고, 이익에 합치되지 않으면 그친다. 분노는 다시 즐거움이 될 수 있고, 성냄은 다시 기쁨이 될 수 있지만, 망한 나라는 다시 보존할 수 없고, 죽은 사람은 다시 살아날 수 없다. 그러므로 현명한 군주는 전쟁을 신중히 하고, 훌륭한 장수는 이를 경계하는 것이니, 이것이 나라를 안정되게 하고 군대를 보전하는 길이다.

# 제13 용간 편

손자가 말하기를, 무릇 10만 대군을 일으켜 천리를 정벌해 나가면, 귀족의 경비와 국가의 재정이 하루에 천금이나 소모되고, 국내외의 안팎이 시끄럽고 요란해지며, 피로하여 도로에 나앉아 생업에 종사하지 못하는 자가 칠십만호가 될 것이다. 수년 동안 서로 대치하여, 결국 하루의 승패를 다투는 것인데, 관직이나 많은 상금을 아껴서 적정을 알려고 하지 않는 자는 어질지 못한 극치이니, 백성의 장수가 아니요 군주의 보좌가 아니요 승리의 주인공이 아닌 것이다. 그러므로 총명한 군주와 어진 장수가 움직이기만 하면 적을 이겨서 성공이 남보다 뛰어난 것은, 적정을 미리 알기 때문이다. 미리 적정을 아는 것은, 귀신에게 얻을 수 없고, 어떤 사실에서 끌어낼 수도 없으며, 어떤 경험적인 법칙에 따라 추론할 수도 없는 것이니, 반드시 사람을 취해 적의 사정을 알아내야 하는 것이다. 그러므로 간첩을 씀에는 다섯가지가 있으니, 향간이 있고, 내간이 있고, 반간이 있고, 사간이 있고, 생간이 있다. 다섯가지 간첩을 모두 사용하되, 적이 그 사용하는 방법을 모르게 하니, 이를 일러 신묘막측한 경지라고 하고, 군주의 보배라고 하는 것이다. (1) 향간이란, 그 적국 고을 주민을 이용하여 쓰는 것이다. (2) 내간이란, 그 적국 고을 관리를 이용하여 쓰는 것이다. (3) 반간이란, 적의 간첩을 쓰는 것이다. (4) 사간이란, 밖에서 거짓 사실을 꾸며서 나의 간첩으로 하여금 이를 알게 하여 적의 간첩에게 전하게 하는 것이다. (5) 생간이란, 살아 돌아와서 보고하는 것이다. 그러므로 삼군의 친밀함이 간첩보다 친밀함이 없고, 상 주는 것이 간첩보다 후한 것이 없고, 일이 간첩을 부리는 것보다 은밀한 것이 없다. 뛰어난 지혜가 있지 않으면 간첩을 쓸 수 없고, 어질지 않으면 간첩을 쓸 수 없고, 미묘함이 아니면 간첩에게서 제공된 정보의 실체를 얻을 수 없다. 미묘하고 미묘하니, 간첩을 쓰지 않는 곳이 없다. 간첩의 일을 시작도 하기 전에, 그 소문을 먼저 들은 자가 있으면, 간첩과 그 소문을 고한 사람을 모두 죽인다. 무릇 공격하려는 군대와 공격하려는 성과 죽이려는 사람이 있으면, 반드시 먼저 그 수장과 좌우의 신하, 부관, 문객, 시중인의 성명을 알아야 하니, 나의 간첩을 시켜서 반드시 탐색하여 알아내야 한다. 반드시 나를 염탐하러 온 적의 간첩을 찾아내어, 그를 이익으로 매수하여, 이끌어 집에 머물게 하고, 그리하여 반간으로 얻어 쓸 수 있을 것이다. 이 반간으로 말미암아 적의 사정을 알 수 있으므로 향간이나 내간을 획득하여 쓸 수 있게 될 것이다. 이 반간으로 말미암아 적의 사정을 알 수 있으므로 사간을 통해 거짓 일을 꾸며가히 적에게 알리게 할 수 있다. 이 반간으로 말미암아 적의 사정을 알 수 있으므로 생간을 가히 예정된 기한에 돌아오게 할 수 있다. 다섯가지 간첩의 활동은 군주가 반드시 알아야 하는 것인데, 알 수 있는 것은 반드시 반간에 달려 있으니, 그러므로 반간을 후하게 대하지 않을 수 없다. 옛날에 은나라가 일어날 때 이지(이윤)가 하나라에 있었고, 주나라가 일어날 때 여아(강태공)가 은나라에 있었다. 그러므로 오직 명석한 군주와 현명한 장수만이 능히 높은 지혜를 가진 사람을 간첩으로 삼아, 반드시 큰 공을 이룰 것이니, 이것이 병법의 요점이고 삼군이 믿고 움직이는 근거가 되는 것이다.

제 3 단 계 전 략

# 꼼꼼히 보기

## 원문 해역편

1972년에 중국 산동성 임기현 은작산에서 발굴된 손자병법 죽간을 중심으로, 가장 정통성 있게 풀어낸 손자병법이며, 한 어귀씩 꼼꼼히 시간을 들여 공부하는 정독용이다. 내용을 충분히 이해하라. 이해를 하지 못하면 완전정복을 할 수 없다. 제3단계와 제4단계는 완전정복을 위한 관문이다. 편명은 죽간을 그대로 따랐다.

1.計篇(계편), 2.作戰篇(작전편), 3.謀攻篇(모공편), 4.形篇(형편), 5.勢篇(세편), 6.虛實篇(허실편), 7.軍爭篇(군쟁편), 8.九變篇(구변편), 9.行軍篇(행군편), 10.地形篇(지형편), 11.九地篇(구지편), 12.火攻篇(화공편), 13.用間篇(용간편)

# 제1 計篇(계편)

計는 계산(計算)하는 것이다. 전쟁(원정)을 결심하기 전에 적과 나를 계산하는 것이다. 전쟁은 나라의 큰일이기 때문에 감정적으로 시작해서는 안 된다. 여러 가지 요소로 신중히 검토한 뒤에 승산이 있다고 판단될 때 비로소 그때 전쟁(원정)을 시작하는 것이다. 냉철하고 주도면밀한 전쟁 결행의 태도를 강조하고 있다. 일반적으로 始計편으로 불리나 한간본에는 計편으로 되어 있다.

孫子曰, 兵者, 國之大事也, 死生之地, 存亡之道, 不可不察也.

**손자왈 병자 국지대사야 사생지지 존망지도 불가불찰야**

兵(병) : 전쟁 병, 군사 병. 察(찰) : 살필 찰

손자가 말하기를, 전쟁은 나라의 중대한 일이다. (사람들의) 생사와 (나라의) 존망이 달린 것이니 깊이 살피지 않을 수 없다.

故經之以五，校之以計，而索其情

**고경지이오 교지이계 이색기정**

經(경) : 날 경, 헤아릴 경. 校(교) : 비교할 교. 情(정) : 뜻 정, 사실 정

그러므로 전쟁에 앞서 (적과 나를) 다섯 가지 요건으로서 헤아리고, 계로써 (적과) 비교하여 그 정세(승패 여부)를 판단한다.

一曰道，二曰天，三曰地，四曰將，五曰法.

**일왈도 이왈천 삼왈지 사왈장 오왈법**

(다섯 가지 요건은) 첫째는 도요, 둘째는 천이요, 셋째는 지요, 넷째는 장이요, 다섯째는 법이다.

道者，令民與上同意也，故可與之死，可與之生，而民不詭也.

**도자 영민여상동의야 고가여지사 가여지생 이민불궤야**

詭(궤) : 어그러질 궤, 속일 궤

도는 민중들로 하여금 위(군주)와 뜻을 같이 하는 것이다. 그러므로 가히 함께 죽기도 하고, 함께 살기도 하면서, 민중이 의심을 하지 않는 것이다.

天者，陰陽，寒暑，時制也.

천자 음양 한서 시제야

寒(한) : 찰 한, 어려울 한. 暑(서) : 더울 서

천이란, 밤과 낮(맑고 흐림), 추위와 더위, 사계절의 변화를 말한다.

地者，高下，遠近，險易，廣狹，死生也.

지자 고하 원근 험이 광협 사생야

지란, 높고 낮음, 멀고 가까움, 험함과 평탄함, 넓고 좁음, 사지와 생지를 말한다.

將者，智，信，仁，勇，嚴也.

장자 지 신 인 용 엄야

장이란, 지, 신, 인, 용, 엄(의 다섯 가지 자질을 갖추어야 함을)을 말한다.

法者，曲制，官道，主用也.

법자 곡제 관도 주용야

법이란, 군대의 조직이나 편제에 관한제도, 장수나 장교의 관리에 관한 제도, 군수물자와 군사비용에 관한 제도를 말한다.

凡此五者, 將莫不聞, 知之者勝, 不知者不勝.

범차오자 장막불문 지지자승 부지자불승

무릇 이 다섯 가지는 장수가 듣지 않았을리 없으니, 이를 (잘) 아는 자는 이기고, (잘) 알지 못하는 자는 이기지 못한다.

故校之以計, 而索其情.

고교지이계 이색기정

그러므로 (일곱 가지의) 계를 (서로) 비교해서 그 (승패의) 실정을 살핀다.

曰 主孰有道, 將孰有能, 天地孰得, 法令孰行, 兵衆孰强, 士卒孰練, 賞罰孰明,

왈 주숙유도 장숙유능 천지숙득 법령숙행 병중숙강 사졸숙련 상벌숙명

孰(숙) : 누구 숙

말하되, 군주는 어느 쪽이 더 도가 있는가? 장수는 어느 쪽이 더 유능한가? 천지는 어느 쪽이 더 유리한가? 법령은 어느 쪽이 더 잘 시행되는가? 군대는 어느 쪽이 더 강한가? 장병들은 어느 쪽이 더 훈련되었는가? 상벌은 어

느 쪽이 더 분명한가?

吾以此 知勝負矣.

오이차 지승부의

나는 이것으로 승부를 알 수 있다.

將聽吾計, 用之必勝, 留之. 將不聽吾計, 用之必敗, 去之.

장청오계 용지필승 유지 장불청오계 용지필패 거지

將(장) : 장수 장, 장차 장. 留(유) : 머무를 유

만약(將) 나의 계를 듣는다면, 전쟁할 때 반드시 이기기 때문에 나는 머문다. 만약 나의 계를 듣지 않는다면, 전쟁할 때 반드시 지기 때문에 나는 떠날 것이다.

計利以聽, 乃爲之勢, 以佐其外. 勢者, 因利而制權也.

계리이청 내위지세 이좌기외 세자 인리이제권야

權(권) : 권세 권, 저울질할 권

유리한 계를 구상하여 이를 채택했다면, (채택한 계에 만족하지 말고) 곧 (이러한 계에 더해서) 세를 만들어, (계가 가진 제한되고 고정된 영역) 그 외의 것을 보조(輔

助)한다. 세라는 것은 (여러 상황에 따라) 유리한 조건들을 만들어가면서 (전장의) 주도권을 장악하는 것이다.

兵者, 詭道也.

**병자궤도야**

전쟁에는 속이는 방법들이 많다.

故能而示之不能, 用而示之不用, 近而示之遠, 遠而示之近.

**고능이시지불능 용이시지불용 근이시지원 원이시지근**

그러므로 능하면서도 능하지 못한 것으로 보이고, 쓰면서도 쓰지 못하는 것처럼 보이고, 가까이 있으면서도 멀리 있는 것처럼 보이고, 멀리 있으면서도 가까이 있는 것처럼 보인다.

利而誘之, 亂而取之, 實而備之, 强而避之, 怒而撓之, 卑而驕之, 佚而勞之, 親而離之.

**리이유지 란이취지 실이비지 강이피지 노이요지 비이교지 일이노지 친이리지**

撓(요) : 어지러울 요. 驕(교) : 교만할 교

(적이) 이로움을 탐하면 (이로움을 보여주어)꾀어내고,

(적이) 어지러우면 (어지러움을 틈타서) 취하고, (적이) 충실하면 (공격하지 말고) 대비하고, (적이) 강하면 피하고, (적이) 기세가 등등하면 (잠시) 굽히고, (적이) 낮추면 교만해지게 하고, (적이) 편안하면 수고롭게 하고, (적이) 친하면 갈라지게 한다.

攻其無備, 出其不意.

**공기무비 출기불의**

적이 방비하지 않는 곳을 공격하고, 적이 생각하지 않은 것(시기, 방법, 수단)으로 나아간다.

此兵家之勝, 不可先傳也.

**차병가지승 불가선전야**

이것이 병가(군사전략가)가 승리하는 방법이니 사전에 미리 드러내거나 알려져서는 안 된다.

夫 未戰而廟算勝者, 得算多也. 未戰而廟算不勝者, 得算少也.

**부 미전이묘산승자 득산다야 미전이묘산불승자 득산소야**

무릇 전쟁을 하기 전에 미리 묘당에서 계산을 해보아 승리를 확신하게 되는 것은, 주도면밀한 計(算)를 준비하여 승리의 조건이 충분하기 때문이다. 전쟁을 하기 전에 묘당에서 계산을 해보아 승리가 불가능하게 되는 것은, 計(算)가 부족하여 승리의 조건이 적기 때문이다.

多算勝, 少算不勝, 而況於無算乎. 吾以此觀之, 勝負見矣.

**다산승 소산불승 이황어무산호 오이차관지 승부견의**

計(算)가 많으면 이기고, 計(算)가 적으면 이기지 못하는데, 하물며 計(算)가 없다면 어찌 되겠는가! 나는 이것을 근거로 해서 (잘) 관찰하게 되면 (전쟁 전에 미리) 승부를 알 수 있다.

# 제2 作戰編(작전편)

작(作)은 시(始) 즉 '시작'이라는 뜻이다. 그래서 작전이란 싸움 즉 전쟁(준비)을 시작한다는 뜻이다. 전쟁을 위해서 무엇을 얼마만큼 준비하고, 또한 어떻게 싸워야 바람직한 승리를 거둘 수 있는지를 보여주고 있다. 전쟁은 욕심을 부려 오래 끌어서는 안 되고 비록 요망하는 전과에 미치지는 못해도 단기속결전이 좋다는 것이다.

孫子曰, 凡用兵之法, 馳車千駟, 革車千乘, 帶甲十萬, 千里饋糧, 則內外之費, 賓客之用, 膠漆之材, 車甲之奉, 日費千金, 然後十萬之師擧矣.

손자왈 범용병지법 치차천사 혁차천승 대갑십만 천리궤량 즉내외지비 빈객지용 교칠지재 차갑지봉 일비천금 연후십만지사거의

馳(치) : 달릴 치. 饋(궤) : 먹일 궤. 膠(교) : 아교 교, 漆(칠) : 옻 칠

손자가 말하되, 무릇 용병의 법은 10만 명을 일으키기 위해서는(말 네 마리가 끄는 전투용) 전차가 천대가 있어야 하고, (무기와 장비, 식량과 보급품을 나르는) 치중차

가 천대가 있어야 하고, 갑옷이 천벌이 있어야 하고, 천리까지 식량을 운반해야 하고, 내외의 비용과 빈객의 비용, (활과 화살 등) 무기를 제작하거나 보수하는 재료 준비, 수레와 갑옷을 조달하는데 (이를 계산하면) 매일 천금이 든다.

其用戰也, 勝久則鈍兵挫銳, 攻城則力屈, 久暴師則國用不足, 夫鈍兵挫銳, 屈力殫貨, 則諸侯乘其弊而起, 雖有智者, 不能善其後矣.

기용전야 승구즉둔병좌예 공성즉역굴 구폭사즉국용부족 부둔병좌예 굴력탄화 즉제후승기폐이기 수유지자 불능선기후의

鈍(둔) : 무딜 둔. 挫(좌) : 꺾을 좌. 暴(폭) : 사나울 폭, 햇빛쪼일 폭, 殫(탄) : 다할 탄. 乘(승) : 탈 승. 弊(폐) : 해질 폐. 雖(수) : 비록 수

그 전쟁을 함에 오래 끌면 병사는 무디어지고 날카로움은 꺾이며, 성을 공격하면 힘을 다하며, 군대를 밖에 보내 오랫동안 전쟁하게하면 나라의 재정이 부족하게 된다. 무릇 병사가 무디어지고 예리함이 꺾이며, 힘이 다하고 재정이 다하면 (주변에 있는) 제후가 그 피폐해진 틈을 타서 일어나게 되리니, (그렇게 되면) 아무리 지혜로운 사람이 있더라도 그 뒷일을 좋게 하지 못한다.

故兵聞拙速，未睹巧之久也．夫兵久而國利者，未之有也．故不盡知用兵之害者，則不能盡知用兵之利也．

**고병문졸속 미도교지구야 부병구이국리자 미지유야 고부진지용병지해자 즉불능진지용병지리야**

拙(졸) : 졸할 졸. 睹(도) : 볼 도. 盡(진) : 다될 진

그러므로 전쟁에 (그 솜씨가) 매끄럽지 못하더라도-혹은 바라는 바 전과에는 미치지 못하더라도- 빨리 끝내야 함은 들었어도, 솜씨 있게 하면서 오래 끄는 것은 보지 못했다. 무릇 전쟁을 오래 끌어서 나라에 이로울 것이 없나니, 그러므로 전쟁을 할 때의 해로움을 다 알지 못하면 전쟁을 할 때의 이로움을 다 알 수 없다.

善用兵者，役不再籍，糧不三載，取用於國，因糧於敵，故軍食可足也．

**선용병자 역불재적 양불삼재 취용어국 인량어적 고군식가족야**

役(역) : 부릴 역. 籍(적) : 서적 적. 載(재) : 실을 재. 기재할 재

용병을 잘 하는 자는, 거듭 징집을 하지 않도록 하고, 군량도 거듭 보내지 않으며, 전쟁물품은 본국에서 취하여

쓰지만 군량은 적의 것을 취하기 때문에 군량이 가히 넉넉할 수 있다.

國之貧於師者, 遠師者遠輸, 遠輸則百姓貧, 近師者貴賣, 貴賣則財竭, 財竭則急於丘役.

국지빈어사자 원사즉원수 원수즉백성빈 근사자귀매 귀매즉재갈 재갈즉급어구역

貧(빈) : 가난할 빈. 輸(수) : 나를 수. 竭(갈) : 다할 갈

나라가 군대 때문에 가난해지는 것은 군대가 멀리 나가 있으면 멀리까지 수송을 해야 하는 까닭이니, 멀리 수송을 하면 (이를 재정적으로 뒷받침해야 하는) 귀족들이 가난해지고, 군대 근처에 있는 물가는 치솟으며, 물가가 치솟으면 나라의 재정이 고갈되고, 재정이 고갈되면 부역을 가중하는데 급해진다.

力屈中原, 內虛於家, 百姓之費十去其七. 公家之費, 破車罷馬, 甲胄弓弩, 戟楯矛櫓, 丘牛大車, 十去其六.

역굴중원 내허어가 백성지비십거기칠 공가지비 파차피마 갑주궁노 극순모로 구우대차 십거기육

屈(굴) : 굽을 굴. 罷(파) : 방면할 파, 여기서는 피로할 피. 戟(극) : 창 극.

楯(순) : 난간 순, 방패 순. 矛(모) : 창 모. 櫓(로) : 방패 로

전장(중원)에 힘을 다 쓰면 안으로는 (귀족들의 돈이) 허하게 되어, 귀족들의 재산은 열 가운데 일곱이 없어지며, 정부의 재정은, 수레가 피괴되고 말이 피폐해지며 갑옷과 투구, 화살과 자동화살(쇠뇌) 창과 대형방패, 큰 소와 큰 수레 등의 징발로 열 가운데 여섯이 없어지게 될 것이다.

故智將務食於敵, 食敵一鍾, 當吾二十鍾, 萁稈一石, 當吾二十石.

**고지장무식어적 식적일종 당오이십종 기간일석 당오이십석**

稈(간) : 짚 간. 鍾(종) : 종 종

그러므로 지혜로운 장수는 적에게서 먹을 것을 구하는 데에 힘을 쓰니, 적에게서 식량 일종을 구하면 (자국에서 가져오는) 나의 이십종에 해당되며, 말먹일 사료 일석은 나의 이십석에 해당된다.

故殺敵者, 怒也, 取敵之利者, 貨也.

**고살적자 노야 취적지리자 화야**

그러므로 적을 죽이는 것은 사기-또는 적개심-로 하고, 적에게 이득을 취하는 것은 재물로 한다.

故車戰，得車十乘以上，賞其先得者，而更其旌旗，車雜而乘之，卒善而養之，是謂勝敵而益强.

고차전 득차십승이상 상기선득자 이경기정기 차잡이승지 졸선이양지 시위승적이익강

乘(승) : 탈 승. 旌(기) : 기 기. 旌(정) : 기 정, 雜(잡) : 섞일 잡

그러므로 전차로 싸울 때는, 적의 전차 10승을 빼앗으면 그것을 먼저 빼앗은 자에게 상을 주고, 빼앗은 전차의 깃발을 우리 깃발로 바꾸어 달고, 포로로 잡은 적을 우리 병사와 함께 전차에 배치하며, 포로로 잡은 자들을 잘 대우해주면, 이를 일러 적을 이길수록 더욱 강해진다고 하는 것이다.

故兵貴勝，不貴久. 故知兵之將，民之司命，國家安危之主也.

고병귀승 불귀구 고지병지장 민지사명 국가안위지주야

久(구) : 오랠 구

그러므로 전쟁이란 빨리 이기는 것을 귀하게 여기지, 오래 끄는 것을 귀하게 여기지 않는다. 그러므로 (이러한) 전쟁(의 속성)을 (잘) 아는 장수는 민중의 생사를 관장하고 국가의 안위를 주재하는 자이다.

# 제3 謀攻篇 (모공편)

모공(謀攻)은 공격을 위한 꾀를 짜는 것을 말한다. 가장 경제적으로 목적하는 바를 달성할 수 있는 길이 무엇인지 보여주고 있다. 모공편의 핵심은 싸우지 않고도 목적을 달성하는 것, 즉 부전승을 추구하는 것이며, 이것이 어려울 때는 가급적 아군의 피해를 최소화하는 방향으로 꾀를 쓰라는 것이다. 이를 위해 피아전력비에 따른 현명한 전쟁을 하며, 적과 나를 잘 알아 정보우위를 달성하여 전장의 주도권을 장악할 것을 강조하고 있다.

孫子曰, 凡用兵之法, 全國爲上, 破國次之, 全軍爲上, 破軍次之, 全旅爲上, 破旅次之, 全卒爲上, 破卒次之, 全伍爲上, 破伍次之.

**손자왈 범용병지법 전국위상 파국차지 전군위상 파군차지 전여위상 파여차지 전졸위상 파졸차지 전오위상 파오차지**

破(파) : 깨뜨릴 파

손자가 말하기를, 무릇 용병의 법은, 나라(혹은 도성)를 온전하게 함을 가장 좋은 것으로 여기고, 나라(혹은 도성)

를 파괴하는 것을 그 다음으로 여기며, 군(12,500명 규모)을 온전하게 함을 가장 좋은 것으로 여기고, 군을 파괴하는 것을 그 다음으로 여기며, 여(500명 규모)를 온전하게 함을 가장 좋은 것으로 여기고, 졸(100명 규모)을 온전하게 함을 가장 좋은 것으로 여기고, 졸을 파괴하는 것을 그 다음으로 여기며, 오(5명 규모)를 온전하게 함을 가장 좋은 것으로 여기고, 오를 파괴하는 것을 그 다음으로 여긴다.

是故百戰百勝, 非善之善者也, 不戰而屈人之兵, 善之善者也.

시고백전백승 비선지선자야 부전이굴인지병 선지선자야

屈(굴) : 굽을 굴

그러므로 백번 싸워서 백번 이기는 것이 가장 좋은 것이 아니고, 싸우지 않고도 적을 굴복시킬 수 있는 것이 가장 좋은 것이다.

故上兵伐謀, 其次伐交, 其次伐兵, 其下攻城.

고상병벌모 기차벌교 기차벌병 기하공성

그러므로 가장 좋은 병법은 적의 꾀를 치는 것이며, 그 다음은 적의 동맹관계를 치는 것이며, 그 다음은 적의 병력을 치는 것이며, 가장 하책은 성을 공격하는 것이다.

攻城之法，爲不得已，修櫓轒轀，具器械，三月而後成，距堙，又三月而後已.

공성지법 위부득이 수로분온 구기계 삼월이후성거인 우삼월이후이

修(수) : 닦을 수, 고칠 수. 櫓(로) : 방패 로. 轒(분) : 병거 분. 轀(온) : 와거 온. 距(거) : 떨어질 거. 堙(인) : 막을 인, 사닥다리 인

성을 공격하는 법은 부득이할 때 하는 것이니, 노를 준비(修)하고, 기구를 갖추는데 3개월이 지나야 이루어지며, 거인을 완성하는 데 또 3개월이 지나야 한다.

將不勝其忿而蟻附之，殺士卒三分之一，而城不拔者，此攻之災也.

장불승기분이의부지 살사졸삼분지일 이성불발자 차공지재야

蟻(의) : 개미 의. 附(부) : 붙을 부. 拔(발) : 뺄 발, 빼앗을 발

장수가 그 분노를 이기지 못해서 (6개월이라는 준비도 없이) 사졸을 개미처럼 성에 붙어 올라가게 하여 그 삼분의 일을 죽이고도 성을 빼앗지 못하면 이는 공격의 재앙이다.

故善用兵者，屈人之兵而非戰也，拔人之城而非攻也，毁人之國而非久也，必以全爭於天下，故兵不鈍而利可全，此謀攻之法也.

고선용병자 굴인지병이비전야 발인지성이비공야 훼인지국이비구야 필이전쟁어천하 고병불둔이리가전 차모공지법야

그러므로 용병을 잘 하는 자는 적의 군사를 굴복시키되 싸우지 않고, 적의 성을 점령하되 공격하지 않고, 적의 나라(큰 도성)를 훼손시키되 오래하지 않으니, 반드시 온전함으로써 천하에서 승리를 다투기 때문에, 군사를 둔하게 하지도 않으면서도 이익을 온전하게 할 수 있으니, 이것을 두고 모공의 법이라 한다.

故用兵之法，十則圍之，五則攻之，倍則戰之，敵則能分之，少則能守之，不若則能避之. 故少敵之堅，大敵之擒也.

고용병지법 십즉위지 오즉공지 배즉전지 적즉능분지 소즉능수지 불약즉능피지 고소적지견 대적지금야

堅(견) : 굳을 견. 擒(금) : 사로잡을 금

그러므로 용병하는 법은 열 배이면 (완전히) 포위하고, 다섯 배이면 (사방에서) 공격하고, 두 배이면 (일방적으로)싸우고, 대등하면 적을 (가능한) 분산시키고, 적으면 (가능한) 지키고, 적보다 못하면 (가능한) 피한다. 그러므

로 적보다 적은 데도 (고집스럽게) 버티려 한다면, 많은 병력의 적에게 포로가 된다.

夫將者, 國之輔也, 輔周則國必强, 輔隙則國必弱.
부장자 국지보야 보주즉국필강 보극즉국필약

輔(보) : 덧방나무 보. 周(주) : 두루 주. 隙(극) : 틈 극

무릇 장수는 나라의 보목(輔木)과 같으니 보목이 주밀하면 나라가 반드시 강해지고, 보목에 틈이 있으면 나라가 반드시 약해진다.

故君之所以患於軍者三, 不知軍之不可以進而謂之進, 不知軍之不可以退而謂之退, 是謂縻軍.
고군지소이환어군자삼 부지군지불가이진이위지진 부지군지불가이퇴이위지퇴 시위미군

縻(미) : 고삐 미, 얽어맬 미

그러므로 군주가 군에 대해 근심을 끼치는 일이 세 가지가 있으니, 군이 나아가서는 안됨을 알지 못하고 나아가게 하고, 군이 물러나서는 안됨을 알지 못하고 물러나게 하는 것이니, 이를 일러 군을 속박한다고 한다.

不知三軍之事, 而同三軍之政, 則軍士惑矣.

부지삼군지사 이동삼군지정 즉군사혹의

군대의 일을 알지 못하면서 군대의 정사(행정)에 간여하면 군대가 미혹된다.

不知三軍之權, 而同三軍之任, 則軍士疑矣.

부지삼군지권 이동삼군지임 즉군사의의

군대의 (전장에서의 임기응변적인) 작전을 알지 못하면서 군대의 작전(지휘)에 간여하면 군대가 의심을 갖게 된다.

三軍旣惑且疑, 則諸侯之難至矣, 是謂亂軍引勝.

삼군기혹차의 즉제후지난지의 시위난군인승

군대가 이미 미혹되고 또한 의심을 갖게 되면, (그 틈을 타서) (주변 열국의 )제후들의 난이 이를 것이니(제후들이 쳐들어 올 것이니)이를 일러 스스로 군을 어지럽게 하여 승리를 잃는다고 한다.

故知勝有五. 知可以與戰不可以與戰者勝, 識衆寡之用者勝, 上下同欲者勝, 以虞待不虞者勝, 將能而君不御者勝, 此五者, 知勝之道也.

고지승유오 지가이여전불가이여전자승 식중과지용자승 상하동욕자승 이우대불우자승 장능이군불어자승 차오자 지

승지도야

寡(과) : 적을 과. 虞(우) : 헤아릴 우. 御(어) : 어거할 어

그러므로 승리를(미리) 알 수 있는 다섯 가지 (상황, 조건)가 있다. 더불어 싸울 수 있는지 싸우면 안되는지를 알면 이길 수 있고, 병력이 많고 적음에 따라 (적절히 잘) 쓸 수 있다면 이길 수 있고, 위와 아래가 하고자 하는 것이 같다면 이길 수 있고, 대비(미리 예측하여 준비)함으로써 그렇지 못하는 적을 기다리면 이길 수 있고, 장수가 능력이 있되 군주가 간섭하지 않으면 이길 수 있다. 이 다섯 가지는 승리를 미리 알 수 있는 방법이다.

故曰 知彼知己, 百戰不殆. 不知彼而知己, 一勝一負, 不知彼不知己, 每戰必殆.

고왈 지피지기 백전불태 부지피이지기 일승일부 부지피부지기 매전필태

殆(태) : 위태할 태

그러므로 적을 알고 나를 알면 백번 싸워도 위태롭지 않고, 적을 알지 못하고 나를 알면 한번은 이기고 한번은 지며-승리의 확률은 반이며-적을 알지 못하고 나도 알지 못하면 싸울 때마다 반드시 위태롭다.

# 제4 形篇(형편)

형(形)은 군대가 어떤 형태를 취하는 것이다. 형(形)에는 '그릇(器)'과 '드러남(著)'의 의미가 있다. 대부분의 문헌에는 '군형(軍形)'이라고 그 편명을 기록하고 있지만, 한간본에는 '刑'으로 되어 있는데 이는 '形'의 옛 글자다. 형이라는 것은 승리를 위해 군대를 어떠한 태세(형세)로 만들어야 하는가 하는 것이다.

孫子曰, 昔之善戰者, 先爲不可勝, 以待敵之可勝. 不可勝在己, 可勝在敵.

손자왈 석지선전자 선위불가승 이대적지가승 불가승재기 가승재적

昔(석) : 예 석, 옛날 석, 待(대) : 기다릴 대

손자가 말하기를, 옛날에 전쟁을 잘 하는 자는 먼저 (적이)이길 수 없도록 한 다음에, 적을 이길 수 있는 기회를 기다렸으니, (적이)이길 수 없도록 하는 것은 나에게 달려 있고, (내가)적을 이길 수 있음은 적에게 달려 있다.

故善戰者，能爲不可勝，不能使敵之必可勝.

고선전자 능위불가승 불능사적지필가승

그러므로 전쟁을 잘하는 자는 적이 나를 이길 수 없도록 할 수는 있어도, 적으로 하여금 반드시 내가 이길 수 있도록 할 수는 없다.

故曰，勝可知，而不可爲.

고왈 승가지 이부가위

그러므로 승리할 수 있는지 여부는 알 수 있지만, (억지로, 내 뜻대로) 그렇게 만들 수는 없다고 했다.

不可勝者，守也，可勝者，攻也. 守則有餘，攻則不足.

불가승자 수야 가승자 공야 수즉유여 공즉부족

이길 수 없는 적을 만나면 방어 위주로 나가고, 이길 수 있는 적을 만나면 공격 위주로 나간다. 방어로 나간다는 것은 즉 (적이) 유여하기(여유가 있기) 때문이요, 공격으로 나간다는 것은 (적이) 부족하기 때문이다.

善守者，藏於九地之下，善攻者，動於九天之上，故能自保而全勝也.

선수자 장어구지지하 선공자 동어구천지상 고능자보이전승야

藏(장) : 감출 장

잘 지키는 자는 구지의 아래에 숨으며, 잘 공격하는 자는 구천의 위에서 움직이니, 그러므로 스스로를 보존하여 온전히 승리를 거둘 수 있다.

見勝不過衆人之所知, 非善之善者也, 戰勝而天下曰善, 非善之善者也.

견승불과중인지소지 비선지선자야 전승이천하왈선 비선지선자야

승리를 볼 때 많은 사람들이 알 정도에 불과하다면 최선의 것이 아니며, 싸움에서 이기되 천하가 잘 했다고 할 정도면 최선의 것이 아니다.

故擧秋毫不爲多力, 見日月不爲明目, 聞雷霆不爲聰耳. 古之所謂善戰者, 勝於易勝者也.

고거추호불위다력 견일월불위명목 문뇌정불위총이고지소위선전자 승어이승자야

毫(호) : 가는 털 호. 霆(정) : 천둥소리 정

그러므로 가을갈이하는 가벼운 털을 들었다고 해서 힘이 세다고 하지 않고(당연한 것이니), 해와 달을 봤다고 해서 눈이 밝다고 하지 않고(당연한 것이니), 우레 소리를 들었다고 해서 귀가 밝다고 하지 않는다(당연하다). 옛날에 이른바 잘 싸우는 자는 쉽게 이기는 데서 이기는 자이다(상대적으로 큰 힘과 많은 준비와 탁월한 전략으로 싸우니 당연히 이긴다).

故善戰者之勝也, 無奇勝, 無智名, 無勇功.

**고선전자지승야 무기승 무지명 무용공**

그러므로 잘 싸우는 자의 승리에는 기이한 승리도 없고, 지혜로운 명성도 없으며, 용맹스러운 공도 없다.

故其戰勝不忒, 不忒者, 其所措勝, 勝已敗者也.

**고기전승불특 불특자 기소조승 승이패자야**

忒(특) : 변할 특, 어긋날 특

그러므로 그 싸움에 이김이 어긋나지 않으니, 어긋나지 않는다는 것은 그 조치한 바가 반드시 이기는 데에 있어서 이미 패한 적과 싸워 이기는 것이다.

故善戰者, 立於不敗之地, 而不失敵之敗也.

고선전자 입어불패지지 이불실적지패야

그러므로 잘 싸우는 자는 패하지 않을 곳에 서서 적이 패할 때를 놓치지 않는다.

是故, 勝兵先勝而後求戰, 敗兵先戰而後求勝.

시고 승병선승이후구전 패병선전이후구승

이런 까닭에, 이기는 군대는 먼저 이기고 난 이후에 싸움을 구하고, 지는 군대는 먼저 싸우고 난 이후에 이기기를 구한다.

善用兵者, 修道而保法, 故能爲勝敗正.

선용병자 수도이보법 고능위승패정

용병을 잘 하는 자는, 도를 닦고 법을 보존하니, 그러므로 능히 승패의 주체가 될 수 있다.

法, 一曰度, 二曰量, 三曰數, 四曰稱, 五曰勝.
地生度, 度生量, 量生數, 數生稱, 稱生勝.

법 일왈도 이왈량 삼왈수 사왈칭 오왈승 지생도 도생량 량생수 수생칭 칭생승

기본법칙은 첫째는 면적의 계측이요, 둘째는 자원의 양이요, 셋째는 군사의 수요, 넷째는 전력의 비교요, 다섯째

는 승리의 예측이다. 지형이 넓이를 좌우하고, 넓이가 자원(인적, 물적)의 양을 좌우하고, 자원의 양이 군사의 수를 좌우하고, 군사의 수가 전력 비교를 좌우하고, 전력 비교가 승리 예측을 좌우하게 된다.

故勝兵若以鎰稱銖, 敗兵若以銖稱鎰.

**고승병약이일칭수 패병약이수칭일**

鎰(일) : 중량 일. 銖(수) : 무게단위 수. 일과 수는 576배 차이

그러므로 승리하는 군대는 마치 일로써 수를 상대하는 것과 같고, 패하는 군대는 수로써 일을 상대하는 것과 같다.

稱勝者之戰民也, 若決積水於千仞之谿者, 形也.

**칭승자지전민야 약결적수어천인지계자 형야**

若(약) : 같을 약. 積(적) : 쌓을 적. 決(결) : 터질 결. 仞(인) : 길 인

헤아려 보건데 군사를 이끌고 승리하는 자의 싸움은, 막아 둔 물을 천길 계곡으로 터뜨리는 것과 같은 것이니(그만큼 압도적인 태세로 싸우니), (그것이 군대의) 형(태세)인 것이다.

## 제5 勢篇(세편)

세(勢)는 기세를 말하고 있다. 많은 문헌에는 兵勢라고 편명을 기록하고 있으나 한간본에는 세로 되어있다. 形으로 승리를 위한 태세를 갖춘 후에 勢로써 적을 깨뜨리는 것이다. 세편에는 최대의 세를 발휘하기 위해서 무엇을 어떻게 해야 하는지 자세히 설명되고 있다.

孫子曰, 凡治衆如治寡, 分數是也. 鬪衆如鬪寡, 形名是也. 三軍之衆, 可使畢受敵而無敗者, 奇正是也. 兵之所加, 如以碫投卵者, 虛實是也.

**손자왈 범치중여치과 분수시야 투중여투과 형명시야 삼군지중 가사필수적이무패자 기정시야 병지소가 여이하투란자 허실시야**

畢(필) : 마칠 필. 碫(하) : 숫돌 하.

손자가 말하기를, 무릇 많은 사람을 다스림이 적은 사람을 다스림과 같음은 분수(부대편성) 이것에 달려있다. 많은 사람을 싸우게 하기를 적은 사람을 싸우게 함과 같음은 형명(지휘통제수단) 이것에 달려있다. 군대의 무리로

하여금 적의 공격을 받아도 패하지 않게 할 수 있는 것은 기와 정 이것에 달려있다. 군대가 (적을) 공격함이 마치 숫돌로 알을 깨뜨리듯(쉽게)하는 것은 허와 실 이것에 달려있다.

凡戰者, 以正合, 以奇勝.

**범전자 이정합 이기승**

무릇 전쟁이란 정(正力, 正兵, 正法, 분수, 형명 등)으로 대치하여, 기(奇計, 奇兵, 변칙과 임기응변 등)로써 승리하는 것이다.

故善出奇者, 無窮如天地, 不竭如江海, 終而復始, 日月是也, 死而复生, 四時是也.

**고선출기자 무궁여천지 불갈여강해 종이부시 일월시야 사이복생 사시시야 성불과오 오성지변불가승청야**

그러므로 기를 잘 쓰는 자는 끝없음이 천지와 같고, 마르지 않음이 강과 바다와 같고, 끝나면 다시 시작하니 해와 달이 이것이고, 죽으면 다시 사니 사시가 이것이다.

聲不過五, 五聲之變不可勝聽也. 色不過五, 五色之變不可勝觀也. 味不過五, 五味之變不可勝嘗也. 戰勢不過奇正, 奇正之變不可勝窮也.

성불과오 오성지변불가승청야 색불과오 오색지변불가승관야 미불과오 오미지변불가승상야 전세불과기정 기정지변불가승궁야

嘗(상) : 맛볼 상

소리는 다섯(궁, 상, 각, 치, 우)에 불과하나 다섯 소리의 변화를 다 들을 수 없고, 색은 다섯(적, 청, 황, 백, 흑)에 불과하나 다섯 색의 변화를 다 볼 수는 없으며, 맛은 다섯(감, 산, 함, 신, 고)에 불과하나 다섯 맛의 변화를 다 맛볼 수는 없다. 전세도 기정 두 가지에 불과하지만 기정의 변화를 다 알 수 없다.

奇正環相生, 如環之無端, 孰能窮之.

기정환상생 여환지무단 숙능궁지재

端(단) : 끝 단, 바를 단

기정은 순환하여 서로 낳는 것이 마치 고리가 끝이 없음과 같으니, 누가 다 알 수 있겠는가?

激水之疾, 至於漂石者, 勢也. 鷙鳥之擊, 至於毁折者, 節也. 是故善戰者, 其勢險, 其節短, 勢如彍弩, 節如發機.

격수지질 지어표석자 세야 지조지격 지어훼절자 절야 시고선전자 기세험 기절단 세여확노 절여발기

疾(질) : 급할 질, 병 질. 鷙(지) : 맹금 지. 毁(훼) : 헐 훼, 꺾을 훼. 彍(확) : 당길 확

세차게 흐르는 물이 돌을 떠내려가게 하는 데까지 이르는 것이 (기)세요, 사나운 새가 공격을 해서 먹이의 뼈를 꺾는 것이 절(도)이다. 이러므로 잘 싸우는 자는 그 세가 험하고(등등하고), 그 절이 짧으니, 세는 마치 꽉 잡아당긴 활과 같고, 절은 그 활을 쏘는 것과 같다.

紛紛紜紜, 鬪亂而不可亂, 渾渾沌沌, 形圓而不可敗.

분분운운 투란이불가란 혼돈돈돈 형원이불가패

紛(분) : 어지러울 분. 紜(운)v어지러울 운. 渾(혼) : 흐릴 혼. 沌(돈) : 어두울 돈.

(전쟁을 잘 하는 자는) 어지럽게 엉클어져 혼란스럽게 싸우지만 (그 내면에는 분수 즉 부대편성으로 잘 짜여있으므로) (실제로는)혼란시킬 수 없고, 뒤섞여 원형이 되어도 (실제로는)패배시킬 수 없는 것이다.

亂生於治, 怯生於勇, 弱生於强. 治亂, 數也, 勇怯，勢也，强弱，形也.

**난생어치 겁생어용 약생어강 치란 수야 용겁 세야 강약 형야**

어지럽게 보이게 할 수 있는 것은 (실은) 다스려짐에서 나오고, 겁이 많은 것처럼 보이게 할 수 있는 것은 (실은) 용기에서 나오는 것이고, 약하게 보이게 할 수 있는 것은 (실은)강함에서 나온다. 질서와 혼란은 수(분수, 부대편성)의 문제요, 용기와 겁은 세의 문제요, 강하고 약함은 형의 문제다.

故善動敵者，形之，敵必從之，予之，敵必取之.

**고선동적자 형지 적필종지 예지 적필취지**

그러므로 적을 (나의 의도에 따라) 잘 움직이게 하는 자는 (적을 움직이게 할 수 있는 어떤) 형태를 보여주면 적이 반드시 따르게 되고, (작은)이익을 (보여)주면 적이 반드시 이를 취하게 된다.

以此動之，以卒待之.

**이차동지 이졸대지**

이것으로 적을 움직이게 하고, (정예) 군사로 (적이 달려들기를) 기다린다.

故善戰者, 求之於勢, 不責於人.

고선전자 구지어세 불책어인

그러므로 잘 싸우는 자는 (승리를) 세(의 조성)에서 구하지 사람(병사 개인)에게서는 구하지 않는다.

故能擇人而任勢. 任勢者, 其戰人也, 如轉木石. 木石之性, 安則靜, 危則動, 方則止, 圓則行.

고능택인이임세 임세자 기전인야 여전목석 목석지성 안즉정 위즉동 방즉지 원즉행

轉(전) : 구를 전. 靜(정) : 고요할 정. 方(방) : 모 방

그러므로 능히 사람을 잘 택하여(적재적소에 배치) 세를 만들게 하니, 세를 만든다는 것은 그 사람을 싸우게 함이 마치 나무와 돌을 굴리는 것처럼 하는 것이다. 나무와 돌의 성질을 보면, 안정된데 두면 고요하고, 가파른데 두면 움직이며, 모나면 정지하고, 둥글면 굴러가는 것이다.

故善戰人之勢, 如轉圓石於千仞之山者, 勢也.

고선전인지세 여전원석어천인지산자 세야

그러므로 잘 싸우는 자의 세는 마치 둥근 돌을 천길 산에서 굴러 내리는 것과 같이 하는 것이니, 그것이 세다.

# 제6 虛實篇(허실편)

허실은 허와 실을 말한다. 허한 곳을 노리고 실한 것은 피하라고 하는 원칙이 적용되고 있다. 그리고 적의 허를 조장하고 나의 허를 최소화시킬 것을 말하고 있다. 허실편은 주도권에 관한 문제다. 어떻게 하면 적을 내 의도대로 끌고 다닐 수 있는가하는 문제를 깊이 다루었다. 본래 한 간본에는 편명이 實虛로 되어 있지만 이것 외에 모든 문헌에서 허실로 되어 있고, 의미전달도 허실이 자연스러우므로 이에 따랐다.

孫子曰，凡先處戰地而待敵者佚，後處戰地而趨戰者勞．故善戰者，致人而不致於人．

**손자왈 범선처전지이대적자일 후처전지이추전자노 고선전자 치인이불치어인**

待(대) : 기다릴 대. 趨(추) : 달릴 추. 致(치) : 이를 치, 다할 치

손자가 말하기를, 무릇 먼저 싸움터에 가서 적을 기다리는 자는 편안하고, 뒤늦게 싸움터로 달려가서 급하게 싸움을 하는 자는 피곤하다. 그러므로 잘 싸우는 자는 적을

(내 의지대로) 이끌되 내가 적에 의해 이끌림을 당하지 않는다.

能使敵人自至者, 利之也, 能使敵人不得至者, 害之也.

능사적인자지자 이지야 능사적인부득지자 해지야

능히 적을 내게로 오게 하려면 (적이 내게 옴으로써) 이로움이 있다는 것을 보여주어야 하고, 능히 적을 내게로 오지 못하게 하려면 (적이 내게 옴으로써) 해로움이 있다는 것을 보여주어야 한다.

故敵佚能勞之, 飽能飢之, 安能動之, 出其必趨也.

고적일능노지 포능기지 안능동지 출기필추야

그러므로 적이 편안하게 있으면 능히 피곤하게 하고, 배부르면 능히 주리게 하고, 움직이지 않으면 능히 움직이도록 하는 것은, (내가) 나아가되 적이 반드시 (급히) 따라야만 하는 곳으로 가기 때문이다.

行千里而不勞者, 行於無人之地也. 攻而必取者, 攻其所不守也. 守而必固者, 守其所必攻也.

행천리이불노자 행어무인지지야 공이필취자 공기소불수야

수이필고자 수기소필공야

천리를 가도 내가 피곤하지 않는 것은 적이 없는 곳으로 가기 때문이며, 공격하여 반드시 취할(이길) 수 있는 것은 적이 지키지 않는 곳을 공격하기 때문이며, (내가) 지키면 반드시 견고한 것은 적이 반드시 공격해 오는 곳을 지키기 때문이다.

故善攻者, 敵不知其所守, 善守者, 敵不知其所攻.

고선공자 적부지기소수 선수자 적부지기소공

그러므로 공격을 잘 하는 자는 적이 지켜야 할 곳을 알지 못하게 하고, 수비를 잘 하는 자는 적이 공격할 곳을 알지 못하게 한다.

微乎微乎, 至於無形, 神乎神乎, 至於無聲, 故能爲敵之司命.

미호미호 지어무형 신호신호 지어무성 고능위적지사명

미묘하고 미묘하여 무형의 경지까지 이르고, 신묘하고 신묘하여 소리가 없는 지경까지 이르니, 그러므로 능히 적의 운명을 좌우하는 사람이 될 수 있다.

進而不可禦者, 衝其虛也, 退而不可追者, 速而不可及也.

진이불가어자 충기허야 퇴이불가추자 속이불가급야

(내가) 나아가되 (적이) 나를 막을 수 없는 것은 적의 허를 치기 때문이요, (내가) 물러가되 (적이) 나를 좇지 못하는 것은 (내가) 빨라서 (적이) 따라 올 수 없기 때문이다.

故我欲戰, 敵雖高壘深溝, 不得不與我戰者, 攻其所必救也. 我不欲戰, 雖劃地而守之, 敵不得與我戰者, 乖其所之也.

고아욕전 적수고루심구 부득불여아전자 공기소필구야 아불욕전 수획지이수지 적부득여아전자 괴기소지야

壘(루) : 진 루, 성채 루. 乖(괴) : 어그러질 괴

그러므로 내가 싸우고자 하면, 적이 아무리 성루를 높이고 참호(해자)를 깊이 파도 어쩔 수 없이 나와 싸울 수밖에 없는 것은 적이 반드시 구해야만 하는 곳을 공격하기 때문이다. 내가 싸우고자 하지 않으면, 땅에 선만 긋고 지키더라도 적이 어쩔 수 없이 나와 싸우지 못하는 것은 적이 기도하는 바를 미리 어그러뜨리기 때문이다.

故形人而我無形，則我專而敵分．我專爲一，敵分爲十，是以十攻其一也．

고형인이아무형 즉아전이적분 아전위일 적분위십 시이십공기일야

그러므로 적은 드러나게 하되 나는 드러나지 않으면, 나는 (마음 놓고) 병력을 집중하고 적은 (불안하여 여러 곳에) 병력을 분산하게 된다. 나는 병력을 집중하여 하나가 되고, 적은 분산하여 열로 나누어지니, 이것은 열배의 병력으로 하나를 공격하는 셈이 된다.

則我衆敵寡，能以衆擊寡，則吾之所與戰者 約矣．

즉아중적과 능이중격과 즉오지소여전자약의

約(약) : 간략할 약, 묶을 약, 대개 약, 약속 약

그렇게 되면 나는 (수가) 많고 적은 (수가) 적어지니, 많은 수로 적은 수를 공격할 수 있으면 내가 더불어 싸우는 상대는 쉬워진다.

吾所與戰之地不可知， 不可知， 則敵所備者多，敵所備者多，則吾所與戰者寡矣．

오소여전지지불가지 불가지 즉적소비자다 적소비자다 즉오소여전자과의

내가 적과 더불어 싸우게 될 곳을 (적이) 알 수 없으니, 이것을 알 수 없으면 적이 대비해야 할 곳이 많아지고(어디를 공격할지 모르기 때문에), 적이 대비해야할 곳이 많아지면 내가 더불어 싸울 적은 적어진다.

故備前則後寡, 備後則前寡, 備左則右寡, 備右則左寡, 無所不備, 則無所不寡.

고비전즉후과 비후즉전과 비좌즉우과 비우즉좌과 무소불비 즉무소불과

그러므로 앞을 방비하면 뒤가 적어지고 뒤를 방비하면 앞이 적어지며, 왼쪽을 방비하면 오른쪽이 적어지고, 오른쪽을 방비하면 왼쪽이 적어져, 방비하지 않는 곳이 없게 한다면(즉 모든 방향을 다 방비하고자 하면) (병력이) 적어지지 않는 곳이 없다.

寡者, 備人者也. 衆者, 使人備己者也.

과자 비인자야 중자 사인비기자야

(내가) 병력이 적다는 것은 (내가 적을) 대비하기 때문이요, (내가) 병력이 많다는 것은 적으로 하여금 (나를) 대비하게 하기 때문이다.

故知戰之地，知戰之日，則可千里而戰．不知戰地，不知戰日，則左不能救右，右不能救左，前不能救後，後不能救前，而況遠者數十里，近者數里乎．

고지전지지 지전지일 즉가천리이전 부지전지 부지전일 즉좌불능구우 우불능구좌 전불능구후 후불능구전 이황원자수십리 근자수리호

그러므로 싸울 곳을 알고 싸울 날을 알면 천리나 되는 먼 길을 가서라도 싸울 수 있지만, 싸울 곳을 모르고 싸울 날을 모르면 좌군이 우군을 구하지 못하고, 우군이 좌군을 구하지 못하며, 전위가 후위를 구하지 못하고, 후위가 전위를 구하지 못할 것이니, 하물며 서로간의 거리가 먼 경우는 수십리나 되고, 가깝더라도 수리나 떨어져 있는 경우에 있어서랴!

以吾度之，越人之兵雖多，亦奚益於勝哉．

이오도지 월인지병수다 역해익어승재

度(도) : 잴 도, 법도 도, 헤아릴 탁. 亦(역) : 또 역. 奚(해) : 어찌 해

나의 생각으로 헤아려보건대, 월나라의 병력이 비록 많다고 해도 또한 어찌 이기는 데 보탬이 되겠는가?

故曰，勝可爲也．敵雖衆，可使無鬪．

**고왈승가위야 적수중 가사무투**

그러므로 승리는 만들 수 있다고 하였으니, 적이 비록 많다하더라도 적으로 하여금 가히 싸우지 못하게 할 수 있다.

故策之而知得失之計，作之而知動靜之理，形之而知死生之地，角之而知有餘不足之處．

**고책지이지득실지계 작지이지동정지리 형지이지사생지지 각지이지유여부족지처**

그러므로 (적 계책을) 자세히 헤아려 적 계책의 득실을 파악하고, 적을 움직이게 하여(도발하여) 적 동정의 이치를 파악하고, 적을 드러나게 하여 그들이 생지에 있는지 사지에 있는지를 파악하고, 적과 부딪쳐(위력수색) 적의 어느 곳이 여유가 있고 어느 곳이 부족한 지를 안다.

形兵之極，至於無形．無形，則深間不能窺，智者不能謀．

**형병지극 지어무형 무형 즉심간불능규 지자불능모**

窺(규) : 엿볼 규

(군대) 형태의 끝(극치)은 (어떤 특정한) 형태가 없는 것에 이르게 하는 것이니, 형태가 없다면 (우리 진영에)

깊이 들어와 있는 간첩도 엿볼 수 없고, (비록 적에게) 지혜가 있는 자가 있더라도 능히 꾀를 도모할 수 없다.

因形而措勝於衆, 衆不能知. 人皆知我所勝之形, 而莫知吾所以制勝之形.

인형이조승어중 중불능지 인개지아소승지형 이막지오소이제승지형

적의 (드러난) 형태에 따라 사람들 앞에서 승리를 거두어도 사람들은 (어떻게 해서 승리를 했는지) 알지 못한다. 사람들은 다 내가 승리한 겉모양은 알 수 있을지라도 승리를 만든 그 속모양은 알지 못한다.

故其戰勝不復, 而應形於無窮.

고기전승불복 이응형어무궁

그러므로 싸움에서 승리의 방법은 두 번 사용하지 않고, (적과 나의 형세에 따라) 무궁하게 응용해 나가는 것이다.

夫兵形象水, 水之形, 避高而趨下, 兵之形, 避實而擊虛.

부병형상수 수지형 피고이추하 병지형 피실이격허

象(상) : 모양 상, 코끼리 상

무릇 군대의 운용은 물의 성질을 닮았으니, 물의 성질은 높은 곳을 피해 낮은 곳으로 흘러가고, 군대의 운용은 적의 실을 피해 허한 곳을 공격한다.

水因地而制行, 兵因敵而制勝.

수인지이제행 병인적이제승

물은 땅의 형태에 따라 갈 길을 잡아 나가며, 군대는 적의 형태에 따라 승리를 만들어 나간다.

故兵無成勢, 無恒形, 能因敵變化而取勝者, 謂之神.

고병무성세 무항형 능인적변화이취승자 위지신

그러므로 군대에는 고정된 세나 변하지 않는 형이 없고, 적의 변화에 따라 적절히 대응하여 승리를 얻는 것이니, 이 정도가 되면 신(의 경지)이라고 한다.

故五行無常勝, 四時無常位, 日有短長, 月有死生.

고오행무상승 사시무상위 일유단장 월유사생

그러므로 오행(木火土金水)의 어느 요소도 다른 모든 요소를 이길 수는 없으며, 네 계절도 언제나 고정됨이 없으며, 해도 길고 짧음이 있고, 달도 차고 기울어짐이 있다.

# 제7 軍爭篇(군쟁편)

군쟁이란 양군이 서로 대치하여 승리를 다투는 것을 말한다. 이론이 아니라 실제로 승리를 달성해야하는 입장에서 이러한 군쟁은 매우 힘든 것이라 하겠다. 우직지계라고 하는 간접접근이 등장하고, 사기의 중요성이 강조되고 있다.

孫子曰, 凡用兵之法, 將受命於君, 合軍聚衆, 交和而舍, 莫難於軍爭.

**손자왈 범용병지법 장수명어군 합군취중 교화이사 막난어군쟁**

聚(취) : 모을 취. 舍(사) : 집사. 莫(막) : 없을 막

손자가 말하기를, 무릇 용병하는 법은 장수가 군주에게 명령을 받아 백성을 징집하여 군대를 조직하고, 적군과 대치하고 자리를 잡게 되는 데, (이러한 과정을 지나) 군쟁(실제로 전투를 수행) 만큼 어려운 것이 없다.

軍爭之難者, 以迂爲直, 以患爲利.

**군쟁지난자 이우위직 이환위리**

군쟁이 어렵다는 것은, (내가) 돌아감으로써 곧바로 가는 길로 만들고, (나의) 근심꺼리(불리한 것, 화)를 이로운 것으로 만들어야 하기 때문이다.

故迂其途而誘之以利, 後人發, 先人至, 此知迂直之計者也.

**고우기도이유지이리 후인발 선인지 차지우직지계자야**

迂(우) : 멀 우, 굽을 우. 途(도) : 길 도

그러므로 그 길을 (내가) 멀리 돌아가더라도 적에게 이로운 듯이 유인하여 적보다 늦게 출발하고도 더 빨리 도착하는 것이니 이것을 우직지계를 아는 것이라 한다.

故軍爭爲利, 軍爭爲危.

**고군쟁위리 군쟁위위**

그러므로 군쟁에는 유리함도 있고 군쟁에는 위태함도 있다.

擧軍而爭利則不及, 委軍而爭利則輜重捐.

**거군이쟁리즉불급 위군이쟁리즉치중연**

委(위) : 맡길 위. 輜(치) : 짐수레 치. 捐(연) : 버릴 연

(치중부대를 포함한) 모든 군대를 이끌고 이익을 다투려

하면 (제 시간에) 이르지 못하고, (선발된) 정예부대로만 이익을 다투려하면 치중부대는 버려진다.

是故捲甲而趨, 日夜不處, 倍道兼行, 百里而爭利, 則擒三軍將, 勁者先, 疲者後, 其法十一而至.

**시고권갑이추 일야불처 배도겸행 백리이쟁리 즉금삼군장 경자선 피자후 기법십일이지**

捲(권) : 감아말 권. 擒(금) : 사로잡을 금. 勁(경) : 굳셀 경

이런 까닭에 갑옷을 벗어 던질 정도로 서둘러 달려가 밤낮을 쉬지 않고 (보통 가는 거리보다)두 배의 거리를 강행군하여 이익을 얻으려 싸운다면, 삼군의 장수(총지휘관)가 사로잡힐 것이며, 건장한 자는 먼저 가고, 피로한 자는 뒤에 남아, 그 방법으로는 (전체의) 십분의 일만 도달하게 된다.

五十里而爭利, 則蹶上將, 其法半至, 三十里而爭利, 則三分之二至.

**오십리이쟁리 즉궐상장 기법반지 삼십리이쟁리 즉삼분지이지**

蹶(궐) : 넘어질 궐, 엎어질 궐

오십리를 달려가 이익을 얻으려 싸운다면 상군의 장수

가 꺾일 것이니, 이러한 방법으로는 (전체의) 반 정도만 도달하게 되고, 삼십리를 달려가 이익을 얻으려 싸운다면, (전체의) 삼분의 일만 도달하게 될 것이다.

是故軍無輜重則亡, 無糧食則亡, 無委積則亡.
시고군무치중즉망 무양식즉망 무위적즉망

이런 까닭에 군에 치중이 없으면 망하고, 양식이 없으면 망하고, 보급물자의 축적이 없으면 망한다.

故不知諸侯之謀者, 不能豫交, 不知山林險阻沮澤之形者, 不能行軍, 不用鄕導者, 不能得地利.
고부지제후지모자 불능예교 부지산림험조저택지형자 불능행군 불용향도자 불능득지리

그러므로 제후(인접국)의 기도(계획, 꾀)를 모르면 미리(선불리) 외교관계를 맺을 수 없고, 삼림과 험한 곳, 소택지 등의 지형을 알지 못하면 행군을 할 수 없고, 지역의 길 안내자(향도)를 쓰지 않으면 지형의 이로움을 얻을 수 없다.

故兵以詐立, 以利動, 以分合爲變者也.
고병이사립 이리동 이분합위변자야

詐(사) : 속일 사

그러므로 군사작전은 (적을) 속임으로써 (승리의) 여건을 만들고, 이익에 따라 움직이며, 분산과 집중으로 변화를 만드는 것이다.

故其疾如風, 其徐如林, 侵掠如火, 不動如山, 難知如陰, 動如雷震.

고기질여풍 기서여림 침략여화 부동여산 난지여음 동여뢰진

그러므로 그 신속함은 바람과 같이 (빠르게)하고, 그 느림은 숲과 같이 (은밀히) 하고, 침략할 때는 불과 같이 (맹렬히)하고, 움직이지 않을 때는 산과 같이 (장중히)하고, 움직일 때는 번개와 같이 (빠르게)한다.

掠鄕分衆, 廓地分利, 懸權而動, 先知迂直之計者勝, 此軍爭之法也.

략향분중 곽지분리 현권이동 선지우직지계자승 차군쟁지법야

掠(략) : 노략질할 략. 廓(곽) : 둘레 곽. 요새 곽. 懸(현) : 매달 현

마을을 약탈할 때는 (병력을) 여러 갈래로 나누어 하고, 땅을 개척하되(넓히되) (병력을) 나누어 개척한(넓힌) 땅의 이로움을 지키며, 저울을 드리워(상황판단을 하여) 적

을 헤아린 후에 움직이고, 먼저 우직지계를 아는 자가 이기니 이러한 것들이 (바로) 군쟁의 법칙이다.

軍政曰, 言不相聞, 故爲金鼓, 視不相見, 故爲旌旗.

군정왈 언불상문 고위금고 시불상견 고위정기

군정(옛 병서 이름)에 이르기를, 말소리가 서로 들리지 않기 때문에 징과 북을 사용하고, (신호가) 서로 보이지 않기 때문에 깃발을 사용한다고 한다.

故夜戰多金鼓, 晝戰多旌旗

고야전다금고 주전다정기

金(금) : 쇠 금, 징 금. 鼓(고) : 북 고

그러므로 밤에 싸울 때는 징과 북을 많이 쓰고, 낮에 싸울 때는 깃발을 많이 쓴다.

夫金鼓旌旗者, 所以一民之耳目也, 民旣專一, 則勇者不得獨進, 怯者不得獨退, 此用衆之法也.

부금고정기자 소이일민지이목야 민개전일 즉용자부득독진 겁자부득독퇴 차용중지법야

무릇 징과 북과 깃발은 사람의 눈과 귀를 하나로 모으

기 때문에, 사람들이 하나가 되면, 용감한 자도 혼자 앞으로 나아갈 수 없고, 비겁한 자도 혼자 물러설 수 없으니, 이것이 많은 병력을 운용하는 법이다.

故三軍可奪氣, 將軍可奪心.

**고삼군가탈기 장군가탈심**

그러므로 삼군(부대)에 있어서는 가히 사기를 빼앗아야 하고, 장군에 있어서는 가히 마음을 빼앗아야 한다.

是故朝氣銳, 晝氣惰, 暮氣歸. 故善用兵者, 避其銳氣, 擊其惰歸, 此治氣者也.

**시고조기예 주기타 모기귀 고선용병자 피기예기 격기타귀 차치기자야**

惰(타) : 게으를 타

이런 까닭에, 아침에는 기세가 충천하고, 낮에는 기세가 늘어지며, 저녁에는 기세가 수그러드니, 그러므로 용병을 잘하는 자는 적의 날카로운 기세를 피하여, 늘어지고 수그러질 때까지 기다렸다가 공격한다. 이것이 기를 다스리는 법이다.

以治待亂, 以靜待譁, 此治心者也.

이치대란 이정대화 차치심자야

譁(화) : 시끄러울 화

(나는) 정돈된 상태에서 (적의) 어지러움을 맞이하고, (나는) 정숙한 상태에서 (적의) 소란함을 맞이하니, 이것이 마음을 다스리는 법이다.

以近待遠, 以佚待勞, 以飽待飢, 此治力者也.

이근대원 이일대로 이포대기 차치력자야

가까움으로써 먼 것을 맞이하고, – 내가 먼저 가까이에 있는 장소에 가서 기다림으로써 멀리서 오는 적을 맞이하고-편안함으로써 지친 적을 맞이하고, 배부름으로써 주린 적을 맞이하니, 이것이 힘을 다스리는 것이다.

無邀正正之旗, 勿擊堂堂之陣, 此治變者也.

무요정정지기 물격당당지진 차치변자야

邀(요) : 맞을 요

깃발이 정연한 적을 맞아 치지 않고, 당당한 진을 갖춘 적을 맞아 공격하지 않으니, 이것이 변화를 다스리는 법이다.

故用兵之法, 高陵勿向, 背丘勿逆, 佯北勿從, 銳卒勿攻, 餌兵勿食, 歸師勿遏, 圍師遺闕, 窮寇勿迫, 此用兵之法也.

고용병지법 고릉물향 배구물역 양배물종 예졸물공 이병물식 귀사물알 위사유궐 궁구물박 차용병지법야

佯(양) : 거짓 양. 餌(이) : 먹이 이. 遏(알) : 막을 알. 遺(유) : 끼칠 유. 버릴 유. 闕(궐) : 빠질 궐, 빌 궐, 대궐 궐. 寇(구) : 도둑 구

그러므로 용병의 법은, (적이) 높은 곳에 있으면 위를 향하여 싸우지 말고, 언덕을 뒤에 두고 있으면 거슬러 오르면서 싸우지 말며, 거짓으로 달아나면 좇지 말고, 사기가 왕성한 적은 공격하지 말며, 병사를 미끼로 보내어 싸우고자 해도 싸우지 말고, (고향으로) 돌아가려고 하면 갈 길을 막고 싸우지 말며, (적을) 포위했을 때는 한쪽 구멍을 터주고, (적이) 궁핍한 지경에 있으면 너무 핍박하지 말아야 하니, 이것이 용병의 법이다.

# 제8 九變篇(구변편)

구변은 다양한 상황에서의 대처법을 말한다. 구변은 전장에서 일어날 수 있는 다양한 상황에서 지휘관이 어떻게 적절히 분별하고 융통성을 발휘하여 승리를 거둘 것인가를 논한 편이다. 여기서 '九'라는 의미는 단지 숫자적이 의미가 아니라 '많다'고 하는 의미다. 어떤 문헌에는 九變이 五變으로 표현되고 있는데 숫자적인 의미는 중요하지 않다. 장수의 현명한 분별력이 전승에 매우 중요함을 여러 차례 강조되고 있다.

孫子曰, 凡用兵之法, 將受命於君, 合軍聚衆,

**손자왈 범용병지법 장수명어군 합군취중**

聚(취) : 모을 취

손자가 말하기를, 용병의 법에 장수가 군주의 명을 받고, 부대와 병력을 모은 후에,

圮地無舍, 衢地合交, 絶地無留, 圍地則謀, 死地則戰,

비지무사 구지합교 절지무류 위지즉모 사지즉전

圮(비) : 무너질 비. 衢(구) : 네거리 구

(1) 소택지에서는 숙영하지 말며,

(2) 사통팔달 요충지에서는 주변 나라와 외교관계 맺기에 힘쓰며,

(3) 메마른 곳에서는 머무르지 말며,

(4) 빙 둘러싸인 곳에서는 즉각 계책을 세우며

(5) 사지에서는 즉시 결전한다.

途有所不由, 도유소불유

(1) 길이라도 가지 말아야 할 길이 있고,

軍有所不擊, 군유소불격

(2) 군대라도 치지 말아야 할 군대가 있고,

城有所不攻, 성유소불공

(3) 성이라도 공격하지 말아야 할 성이 있고,

地有所不爭, 지유소불쟁

(4) 땅이라도 다투지 말아야 할 땅이 있고,

君命有所不受. 군명유소불수

(5) 군주의 명령이라도 듣지 말아야 할 바가 있다.

故將通於九變之利者, 知用兵矣.
고장통어구변지리자 지용병의

그러므로 장수가 구변(수많은 변화 상황)의 이로움에 통달하면 용병의 법을 잘 안다고 할 수 있다.

將不通於九變之利者, 雖知地形, 不能得地之利矣.
장불통어구변지리자 수지지형 불능득지리의

장수가 구변의 이로움에 통달하지 못한다면 비록 지형을 알지라도 지형의 이점을 얻지 못할 것이다.

治兵不知九變之術, 雖知五利, 不能得人之用矣.
치병부지구변지술 수지오리 불능득인지용의

군대를 다스림에 있어서 구변의 방법을 알지 못하면 비록 오리를 알더라도 사람(군대)을 (제대로) 쓰지 못할 것이다.

是故, 智者之慮, 必雜於利害, 雜於利, 故務可信也, 雜於害, 故憂患可解也.
시고 지자지려 필잡어리해 잡어리 고무가신야 잡어해 이환가해야 이런 까닭으로, 지혜로운 사람의 생각에는 반드시 이로움과 해로움의 양면을 함께 고려하니, (이로움과 해로움이 섞여 있는 그 가운데서) 이로움을 충분히 고려하면 임무 완수를 믿을 수 있고(임무 완수에 대한 확신을 가질 수 있고), (이로움과 해로움이 섞여 있는 그 가운데서) 해로움을 충분히 생각하면 걱정과 근심을 (미리) 풀 수 있다.

是故, 屈諸侯者以害, 役諸侯者以業, 趨諸侯者以利.

시고 굴제후자이해 역제후자이업 추제후자이리

이런 까닭으로, (적국의) 제후를 굴복시키려면 (굴복하지 않을 때 받을 수 있는)해로움을 보여주고, (적국의) 제후를 부리려면 (성가신) 일거리를 만들어주고, (적국의) 제후를 바쁘게 뛰어다니게 하려면 이로움을 보여준다.

故用兵之法, 無恃其不來, 恃吾有以待也, 無恃其不攻, 恃吾有所不可攻也.

고용병지법 무시기불래 시오유이대야 무시기불공 시오유소불가공야

恃(시) : 믿을 시

그러므로 용병의 법은, 적이 오지 않으리라는 것을 믿지 말고, 나에게 (적이 올 것에 대한) 대비가 되어 있음을 믿어야 하며, 적이 공격하지 않으리라는 바람을 믿지 말고, 나에게 (적이 감히) 공격하지 못하게 할 만한 준비가 되어 있음을 믿을 수 있어야 한다.

故將有五危, 必死, 可殺也, 必生, 可虜也, 忿速, 可侮也. 廉潔, 可辱也, 愛民, 可煩也.

**고장유오위 필사 가살야 필생 가로야 분속 가모야 염결 가욕야 애민 가번야**

忿(분) : 성낼 분. 侮(모) : 업신여길 모. 煩(번) : 괴로와할 번

그러므로 장수에게 다섯 가지 위험한 것(성격)이 있으니, 반드시 죽고자 하면 죽을 수 있고, 반드시 살고자 하면 포로가 될 수 있고, 급하게 성을 내면 업신여김을 당할 수 있고, 지나치게 깨끗하고자(결벽증에 가까운) 하면 수치심을 당할 수 있고, 백성을 지나치게 아끼면 번거러울 수 있다.

凡此五者, 將之過也, 用兵之災也. 覆軍殺將, 必以五危, 不可不察也.

**범차오자 장지과야 용병지재야 복군살장 필이오위 불가불 찰야**

무릇 이 다섯 가지는 장수의 허물이요 용병의 재앙이다. 군대를 무너뜨리고 장수를 죽게 하는 것이 반드시 다섯 가지 위태로운 일 때문이니 살피지 않을 수 없다.

# 제9 行軍篇(행군편)

행군은 군대가 행군하는 것이다. 단지 행군에만 그치지 않고, 군대가 다양한 지리 환경에 처했을 때 어떻게 조치하여 군대를 보존하고 승리를 거둘 수 있는가를 다루었다. 행군과 숙영의 원칙, 노출되는 각종 징후의 군사적인 해석, 행군 간에 지휘통솔의 원칙 등이 열거된다.

孫子曰, 凡處軍, 相敵, 絶山依谷, 視生處高, 戰隆毋登, 此處山之軍也.

**손자왈 범처군 상적 절산의곡 시생처고 전륭무등 차처산지군야**

손자가 말하기를, 군대를 배치하고, 적과 마주함에 있어서, 산을 (가로질러) 통과할 때는 계곡을 따라 움직이고, (산에서 진을 칠 때는) 생지(陽이 많은 남쪽과 동쪽)를 바라보는 높은 곳에 위치하며, 높은 곳에 있는 적과 싸우기 위해 거슬러 오르지 말아야 하니, 이것이 산에 있는 군대가 싸우는 요령이다.

絶水必遠水, 客絶水而來, 勿迎之於水內, 令半濟而擊之, 利,

절수필원수 객절수이래 물영지어수내 령반제이격지 리

강을 건너면 반드시 강에서 멀리 떨어지고, 적이 강을 건너면 물속에서 맞아 싸우지 말고, 반쯤 건너게 한 뒤에 공격하면 유리하다.

欲戰者, 無附於水而迎客, 視生處高, 無迎水流, 此處水上之軍也.

욕전자 무부어수이영객 시생처고 무영수류 차처수상지군야

싸우기를 원하면, 물가에 (바짝) 붙어 싸우지 말고, 생지를 보면서 높은 곳에 위치하여, 물흐름을 거스르지 말아야 하니, 이것이 물가에 있는 군대가 싸우는 요령이다.

絶斥澤, 惟亟去無留, 若交軍於斥澤之中, 必依水草而背衆樹, 此處斥澤之軍也,

절척택 유극거무류 약교군어척택지중 필의수초이배중수 차처척택지군야

亟(극) : 빠를 극. 斥(척) : 물리칠 척

소택지를 지날 때는, 오직 빨리 지나가고 머뭇거리지

말아야 하니, 만약 소택지 속에서 전투를 하게 되면 반드시 수초에 가까이 붙고(의지하여) 숲을 등진 상태로 싸울지니, 이것이 소택지에 있는 군대가 싸우는 요령이다.

平陸處易, 右背高, 前死後生, 此處平陸之軍也.

평륙처이 우배고 전사후생 차처평륙지군야

평지에서는 평탄한 곳에 위치하고, 주력 부대는 높은 지역을 등에 지고 주둔한다. 앞은 낮게 뒤는 높게 지형을 택하니 이것이 평지에 있는 군대가 싸우는 요령이다.

凡此四軍之利, 黃帝之所以勝四帝也.

범차사군지리 황제지소이승사제야

무릇 이 네 가지 지형의 이용법은 황제가 주변의 제왕들을 굴복시킨 이치다.

凡軍好高而惡下, 貴陽而賤陰, 養生而處實, 軍無百疾, 是謂必勝.

범군호고이오하 귀양이천음 양생이처실 군무백질 시위필승

무릇 군대가 주둔할 때는 높은 곳이 좋고 낮은 곳은 나쁘다. 양지 바른 곳은 좋고 음지가 있는 곳은 나쁘다. 풀이 있는 곳에서 말을 먹이고 쾌적(實)한 곳에서 병사들을 쉬게 한다. (이렇게 하면) 군대에 병이 없을 것이니, 이것을 일러 반드시 이기는 태세라 한다.

丘陵堤防, 必處其陽, 而右背之, 此兵之利也, 地之助也.

구릉제방 필처기양 이우배지 차병지리야 지지조야

구릉과 제방에서는 반드시 해가 비치는 곳에 자리를 잡되, 주력 부대(右)가 구릉과 제방을 등지게 한다. 이것이 용병의 이점을 살리는 것으로서 지세가 보조해 주기 때문이다.

上雨, 水沫至, 止涉, 待其定也.

상우 수말지 지섭 대기정야

沫(말) : 거품 말. 涉(섭) : 건널 섭

상류에 비가 와서 물거품이 떠내려 오면 건너지 말고 물이 안정될 때까지 기다린다.

絶天澗, 天井, 天牢, 天羅, 天陷, 天隙, 必亟去之, 勿近也.

절천간 천정 천뢰 천라 천함 천극 필극거지 물근야

(깎아지른)산골짜기 계곡, 움푹 들어간 곳, 빠져 나오기

힘든 곳, 초목이 빽빽이 우거진 곳, 질퍽질퍽하여 빠지는 곳, 좁고 구덩이가 많은 곳을 지날 때는 반드시 빨리 지나가고 가까이해서는 안 된다.

吾遠之, 敵近之, 吾迎之, 敵背之.

**오원지 적근지 오영지 적배지**

(위에서 말한 여섯 가지 지형을) 아군은 멀리 하고, 적군은 가까이 하게 하며, 아군은 마주보고, 적군은 등지게 한다.

軍旁有險阻, 潢井, 葭葦, 小林, 翳薈者, 必謹覆索之, 此伏姦之所也.

**군방 유험조 황정 가위 소림 예회자 필근복색지 차복간지소야**

군대 주변에 험준한 땅, 웅덩이, 갈대 숲, 무성한 수풀이 있으면, 반드시 신중하게 반복해서 수색해야 하니, 이런 곳은 복병이 숨어 있는 곳이기 때문이다.

敵近而靜者, 恃其險也, 敵遠而挑戰者, 欲人之進也.

**적근이정자 시기험야 적원이도전자 욕인지진야**

적이 가까이 있으면서도 조용한 것은 지형의 험함을 믿기 때문이요, 적이 멀리 있으면서도 도발하는 것은 아군이 진격하기를 바라는 것이다.

其所居易者, 利也. 衆樹動者, 來也. 衆草多障者, 疑也.

기소거이자 리야 중수동자 래야 중초다장자 의야

숙영하고 있는 곳이 평탄한 곳이면 유리하고, 많은 나무가 움직이는 것은 (적이) 오는 것이며, 풀밭에 (보행을 방해하는 여러 가지 장치나 무기나 장비 유기물 등)장애물이 많은 것은 의심을 불러일으키려는 것이다.

鳥起者, 伏也. 獸駭者, 覆也.

조기자 복야 수해자 복야

駭(해) : 놀랄 해. 覆(복) : 뒤집힐 복

새가 날아오르는 것은 복병이 있는 것이요, 짐승이 놀라 달아나는 것은 적이 수색하고 있기 때문이다.

塵高而銳者, 車來也. 卑而廣者, 徒來也. 散而條達者, 樵採也. 少而往來者, 營軍也.

진고이예자 차래야 비이광자 도래야 산이조달자 초채야

소이왕래자 영군야

塵(진) : 티끌 진. 梢(초) : 나무끝 초. 採(채) : 캘 채

먼지가 날카롭게 피어오르는 것은 적의 전차대가 오는 것이고, 먼지가 낮고 넓게 깔리는 것은 보병이 오고 있는 것이며, 먼지가 여러 곳에서 가늘게 일어나고 있는 것은 땔나무를 하고 있는 것이고, 먼지가 조금씩 피어오르고 왔다갔다하면 숙영 준비를 하고 있는 것이다.

辭卑而益備者, 進也. 辭强而進驅者, 退也.

사비이익비자 진야 사강이진구자 퇴야

(사신의) 말은 자신을 낮추면서도 더욱 많이 준비하는 것은 진격을 하려는 것이요, 말이 강경하면서 당장 진격하려는 듯이 하는 것은 (오히려) 물러가려는 것이다.

輕車先出, 居其側者, 陳也. 無約而請和者, 謀也. 奔走而陳兵車者, 期也. 半進半退者, 誘也.

경차 선출 거기측자 진야 무약이청화자 모야 분주이진병차자 기야 반진반퇴자 유야

경전차가 먼저 나와서 양측에 서는 것은 진형을 갖추는 것이요, 아무 약조도 없이 강화를 청하는 것은 어떤 모략이 있는 것이요, 분주히 뛰어다니며 병력과 전차를 배열하

는 것은 전투를 기하려는 것이요, 반쯤 전진했다가 반쯤 후퇴하는 것은 아군을 유인하려는 것이다.

**仗而立者, 飢也. 汲役先飮者, 渴也. 見利而不進者, 勞也.**

장이립자 기야 급역선음자 갈야 견리이부진자 로야

仗(장) : 무기 장, 의지할 장. 汲(급) : 길을 급

(무기나 나무 막대기 등) 지팡이에 기대어 서 있는 것은 굶주린 것이요, 물을 길으면서 먼저 물을 마시는 것은 목이 마르다는 것이요, 이익을 보고도 진격하지 않는 것은 피로하다는 것이다.

**鳥集者, 虛也. 夜呼者, 恐也. 軍擾者, 將不重也. 旌旗動者, 亂也. 吏怒者, 倦也.**

조집자 허야 야호자 공야 군요자 장불중야 정기동자 란야 리노자 권야

擾(요) : 어지러울 요. 倦(권) : 게으를 권

새가 모이는 것은 (진영이 텅) 비어 있음이요, 한밤중에 소리를 지르는 것은 겁에 질려 있다는 것이요, 군이 어지러운 것은 장수가 위엄이 없는 것이요, 깃발이 흔들리는 것은 혼란에 빠진 것이요, 간부가 성을 내는 것은 (부하들

이) 게을러져 있기 때문이다.

粟馬肉食者, 軍無懸缻, 不返其舍者, 窮寇也.

**속마육식자 군무현부 불반기사자 궁구야**

粟(속) : 조 속, 좁쌀 속. 懸(현) : 매달 현. 缻(부) : 작은 항아리 부

군량을 말에게 먹이고, 그 말을 잡아 고기를 먹으며, 물 항아리를 깨뜨려 없애버리고, 막사로 돌아오지 않는 것은, 궁지에 몰려 죽음을 각오하고 싸우려는 것이다.

諄諄翕翕, 徐與人人者, 失衆也. 數賞者, 窘也. 數罰者, 困也. 先暴而後畏其衆者, 不精之至也.

**순순흡흡 서여입입자 실중야 삭상자 군야 삭벌자 곤야 선폭이후외기중자 부정지지야**

諄(순) : 타이를 순. 翕(흡) : 화합할 흡. 數(삭) : 자주 삭. 窘(군) : 막힐 군. 困(곤) : 괴로울 곤.

장수가 (부하들에게 명령할 때) 간곡한 어조로 아부하듯이 말하고 (자신감 없이) 느린 말로 더듬더듬하는 것은 병사들의 신망을 잃었기 때문이요, 자주 상을 주는 것은 궁색해졌기 때문이요, 자주 벌을 주는 것은 어려워졌기 때문이요, 난폭하게 한 후에 부하들을 겁내는 것은 (장수 자신의 임무에)지극히 정교하지 못한 처사다.

來委謝者, 欲休息也. 兵怒而相迎, 久而不合, 又不相去, 必謹察之.

래위사자 욕휴식야 병노이상영 구이불합 우불상거 필근찰야

사자가 와서 (좋은 물건이나 볼모를 맡기면서) 사과를 하는 것은 휴식을 원하기 때문이다. 적이 분노한 채로 달려와 서로 마주했지만, 오랫동안 싸우지 않고 또한 떠나지도 않으면 반드시 신중히 살펴보아야 한다.

兵非多益, 惟無武進, 足以幷力, 料敵, 取人而已. 夫惟無慮而易敵者, 必擒於人.

병비다익 유무무진 족이병력 료적 취인이이 부유무려이이적자 필금어인

병사가 많다고 해서 이로운 것이 아니라 다만 무력을 믿고 함부로 나아가지 말아야 하니, 힘을 충분히 모으고, 적정을 살피며, 병사들의 마음을 얻으면 될 따름이다. 무릇 깊이 생각하지 않고 적을 가벼이 여기는 장수는 반드시 적에게 사로잡힌다.

卒未親附而罰之, 則不服, 不服則難用. 卒已親附而罰不行, 則不可用也.

졸미친부이벌지 즉불복 불복즉난용 졸이친부이벌불행 즉불가용야

사졸들이 아직 친하게 되고 순종하지 않은 상태인데 벌을 주게 되면 복종하지 않게 되고, 복종하지 않게 되면 쓰기 어렵다. 사졸들이 이미 친하게 되고 순종하는 데도 (잘못에 대해) 벌을 주지 않으면 이 또한 쓸 수 없다.

故合之以文, 齊之以武, 是謂必取.

고합지이문 제지이무 시위필취

그러므로 (장수는) 부드러움과 너그러움으로써 사졸들의 마음을 합하고, 엄한 형벌로써 군기(질서)를 잡으니, 이렇게 하는 것을 일러 반드시 사졸의 마음을 얻는다고 한다.

令素行以教其民, 則民服, 令素不行以教其民, 則民不服, 令素行者, 與衆相得也.

령소행 이교기민 즉민복 령소불행이교기민 즉민불복 령소행자 여중상득야

(장수가) 평소에 행하던 대로 명령하여 부하들을 가르치면 부하들이 복종할 것이며, 평소에 행하지 않던 것을 명령하여 부하들을 (억지로) 가르치려 한다면 부하들이

복종하지 않을 것이니, 평소에 행하던 대로 명령을 하면 (부하들이 기꺼이 복종하는 이유는) 그들과 더불어 마음이 하나가 되기 때문이다.

# 제10 地形篇(지형편)

지형은 군대가 처한 땅의 모양을 말한다. 한간본에는 이 편의 죽간이 발견되지 않았다. 그래서 편명은 기존의 十一家註本을 따랐고 지형편의 전체 어귀는 보편적인 문헌의 어귀를 택했다. 지형편은 지형의 특성에 따른 전투력 운용과 장수의 독단 활용, 그리고 전쟁시 지휘통솔에 관한 중요한 어귀가 들어 있다.

孫子曰, 地形有通者, 有掛者, 有支者, 有隘者, 有險者, 有遠者.

**손자왈 지형유통자 유괘자 유지자 유애자 유험자 유원자**

손자가 말하기를, 지형에는 통형, 괘형, 지형, 애형, 험형, 원형이 있다고 했다.

我可以往, 彼可以來, 曰通. 通形者, 先居高陽, 利糧道, 以戰則利.

**아가이왕 피가이래 왈통 통형자 선거고양 리양도 이전즉리**

아군도 (쉽게) 갈 수 있고 적군도 (쉽게) 올 수 있는 곳을 통이라 한다. 통형에서는 먼저 높고 양지 바른 곳을 점거하고, 보급로를 이롭게 할 것이니, 그렇게 해서 싸우면 유리할 것이다.

可以往, 難以返, 曰掛. 掛形者, 敵無備, 出而勝之, 敵有備, 出而不勝, 則難以返, 不利.

**가이왕 난이반 왈괘 괘형자 적무비 출이승지 적유비 출이불승 즉난이반 불리**

갈 수는 있지만 돌아오기는 어려운 곳을 괘라고 한다. 괘형에서는 적이 대비하고 있지 않으면 나아가 이길 수 있으나, 적이 대비하고 있어 나아가 이기지 못한다면 되돌아오기 어려우니 불리하다.

我出而不利, 彼出而不利, 曰支, 支形者, 敵雖利我, 我無出也, 引而去之, 令敵半出而擊之, 利.

**아출이불리 피출이불리 왈지 지형자 적수리아 아무출야 인이거지 령적반출이격지 리**

내가 나아가도 불리하고, 적이 나아가도 불리한 곳을 지라 한다. 지형에서는 적이 비록 나를 이로움으로 유인하더라도 내가 나아가서는 안 되고, 적을 유인하여 물러나 적으로 하여금 반쯤 나오게 한 후에 이를 공격하면 유리하다.

隘形者, 我先居之, 必盈之以待敵. 若敵 先居之, 盈而勿從, 不盈而從之.

애형자 아선거지 필영지이대적 약적선거지 영이물종 불영이종지

盈(영) : 찰 영

애형에서는 내가 먼저 위치하게 되면 반드시 그곳에 (충분히) 군사를 채우고 나서 적을 기다려야 한다. 만약 적이 먼저 위치하여, 군사를 채우고 있으면 들어가지(좇지) 말아야 하고, 군사를 채우지 않았으면 좇아 들어간다.

險形者, 我先居之, 必居高陽以待敵, 若敵先居之, 引而去之, 勿從也.

험형자 아선거지 필거고양이대적 약적선거지 인이거지 물종야

험형에서는 내가 먼저 점거하면 반드시 높고 양지 바른 곳을 차지하여 적을 맞이하고, 만약 적이 먼저 위치했으면 군사를 이끌고 물러나야 하며, 들어(좇아)가서는 안 된다.

遠形者, 勢均, 難以挑戰, 戰而不利.

원형자 세균 난이도전 전이불리

원형에서는 이해득실이 비슷하므로 싸움을 걸기가 어려우니, (억지로) 먼저 싸우게 되면 불리하다.

凡此六者, 地之道也, 將之至任, 不可不察也.

범차육자 지지도야 장지지임 불가불찰야

무릇 이 여섯 가지는 지형 활용법으로 장수의 중요한 임무니 깊이 생각해야 한다.

故兵有走者, 有弛者, 有陷者, 有崩者, 有亂者, 有北者. 凡此六者, 非天地之災, 將之過也.

고병유주자 유이자 유함자 유붕자 유란자 유배자 범차육자 비천지지재 장지과야

그러므로 군대에는 주, 이, 함, 붕, 난, 배가 있는 데, 무릇 이 여섯 가지는 자연의 재해가 아니라 장수의 잘못 때문에 생기는 것이다.

夫勢均, 以一擊十, 曰走. 卒强吏弱, 曰弛. 吏强卒弱, 曰陷.

부세균 이일격십 왈주 졸강리약 왈이 리강졸약 왈함

무릇 세력이 비슷한데 1로써 10을 공격하게 되면 (달아

나게 되니) 주요, 병사들은 강한데 (이에 비해) 간부들이 약하면 (통제가 되지 않아서) 이요, 간부들은 강한데 (이에 비해) 병사들이 약하면 (싸우면 무너질 수밖에 없어서) 함이라 한다.

**大吏怒而不服, 遇敵懟而自戰, 將不知其能, 曰崩.**

**대리노이불복 우적대이자전 장부지기능 왈붕**

懟(대) : 원망할 대

고급간부가 화를 내면서 (최고 지휘관의) 명령에 불복하고, 적을 만나면 원망하며 제멋대로 싸우는데, 장수가 그 능력(고급간부의 그러한 성향)을 모른다면 (그러한 군대는 붕괴되니) 붕이라 한다.

**將弱不嚴, 敎道不明, 吏卒無常, 陳兵縱橫, 曰亂.**

**장약불엄 교도불명 리졸무상 진병종횡 왈란**

장수가 약하여 위엄이 없고, 가르침이 명백하지 못하며, 간부와 병사 간에 (엄정한) 군기가 없고, 진을 펴는 것이 (질서가 없어) 종횡으로 어지러우면, 이를 란이라 한다.

**將不能料敵, 以少合衆, 以弱擊强, 兵無選鋒, 曰北.**

장불능료적 이소합중 이약격강 병무선봉 왈배

장수가 적을 헤아리지 못하여 적은 병력으로 많은 병력과 싸우게 하고, 약한 병력으로 강한 적을 공격하게 하며, 군대에 (정예한) 선봉부대가 남아있지 않는 것을, (패배한 군대 즉)배라한다.

凡此六者, 敗之道也, 將之至任, 不可不察也.

범차육자 패지도야 장지지임 불가불찰야

무릇 이 여섯 가지는 패배하는 길로서 장수의 중대한 업무분야이니 신중히 살펴야 한다.

夫地形者, 兵之助也. 料敵制勝, 計險易遠近, 上將之道也.

知此而用戰者, 必勝. 不知此而用戰者必敗.

부지형자 병지조야 료적제승 계험액원근 상장지도야 지차이용전자 필승 부지차이용전자필패

무릇 지형이란 용병을 돕는 것이다. 적을 헤아려 승리태세를 만들어가며, 지형의 험하고 평탄함과 멀고 가까움을 운용하는 것은 최고 장수의 책임분야다. 이것을 알고 용병하면 반드시 이기고, 이것을 모르고 용병하면 반드시 패한다.

故戰道必勝, 主曰無戰, 必戰可也. 戰道不勝, 主曰必戰, 無戰可也.

**고전도필승 주왈무전 필전가야 전도불승 주왈필전 무전가야**

그러므로 싸움의 법칙에 비추어 볼 때 반드시 이길 수 있다면 (비록) 군주가 싸우지 말라고 해도 반드시 싸우는 것이 가하고, 싸움의 법칙에 비추어 볼 때 이기지 못하면 군주가 반드시 싸우라고 해도 싸우지 않는 것이 가하다.

故進不求名, 退不避罪, 唯民是保而利於主, 國之寶也.

**고진불구명 퇴불피죄 유민시보이리어주 국지보야**

그러므로 나아감에 (사사로운) 명예를 구하지 아니하고, 물러남에 죄를 피하지 않으며, 오직 백성을 위하고(보호하고) 군주에게 이로우려 한다면 (이는) 나라의 보배다.

視卒如嬰兒, 故可與之赴深谿, 視卒如愛子, 故可與之俱死.

**시졸여영아 고여지부심계 시졸여애자 고가여지구사**

嬰(영) : 갓난아이 영. 俱(구) : 함께 구

병사 보기를 어린 아이 돌보 듯하면 그와 더불어 깊은

계곡에도 갈 수 있고, 병사 보기를 사랑하는 자식같이 하면 그와 더불어 죽을 수도 있다.

厚而不能使, 愛而不能令, 亂而不能治, 譬如驕子, 不可用也.

후이불능사 애이불능령 사이불능치 비여교자 불가용야

후하게 대한다고 일을 시키지도 못하고, 사랑한다고 명령을 내리지도 못하고, 어지러워도 다스리지 못한다면, 마치 버릇없는 자식 같아서 쓸 수가 없다.

知吾卒之可以擊, 而不知敵之不可擊, 勝之半也.

지오졸지가이격 이부지적지불가격 승지반야

나의 병력이 공격할 만하다는 것을 알더라도, 적이 (나보다 더 강하여) 공격할 수 없음을 알지 못한다면, 승리의 확률은 반이다.

知敵之可擊, 而不知吾卒之不可以擊, 勝之半也.

지적지가격 이부지오졸지불가이격 승지반야

적이 공격할 만하다는 것을 알더라도, 내 병력이 (상대적으로 적과 비교할 때) 공격할 만하지 못하다는 것을 알지 못한다면, 승리의 확률은 반이다.

知敵之可擊, 知吾卒之可以擊, 而不知地形之不可以戰, 勝之半也.

지적지가격 지오졸지가이격 이부지지형지불가이전 승지반야

적의 정황이 공격할 만하다는 것을 알고, 내 병력이 (적을) 공격할 만하다는 것을 알더라도, 지형이 싸울 만하지 못하다는 것을 알지 못한다면, 승리의 확률은 반이다.

故知兵者, 動而不迷, 擧而不窮.

고지병자 동이불미 거이불궁

迷(미) : 미혹할 미

그러므로 용병을 아는 자는, 사람을 움직이되 미혹되지 않고, 거사를 하되 곤궁해지지 않는다.

故曰, 知彼知己, 勝乃不殆, 知天知地, 勝乃可全.

고왈 지피지기 승내불태 지천지지 승내가전

그러므로 적을 알고 나를 알면 승리함에 이에 위태하지 않고, 천시를 알고 지리를 알면 승리함에 이에 가히 온전해질 수 있다.

# 제11 九地篇(구지편)

구지는 다양한 지리적인 조건을 말한다. 구지편은 아홉 가지 지리적인 조건에 따른 용병법에 대해 논하고 있다. 물론 九라는 숫자는 숫자의 의미보다는 '다양하다' '많다'는 의미를 가졌다. 구지편에는 지리적 조건에 따른 용병법 외에 경쟁 환경에 있어서 바람직한 전략의 도출과 군사적 천재의 요건 등을 다루고 있으며, 원정시에 적용되는 지휘 통솔 분야도 심도 있게 다루고 있다. 구지편은 손자 13편 중에 가장 많은 분량을 차지하고 있다.

孫子曰, 用兵之法, 有散地, 有輕地, 有爭地, 有交地, 有衢地, 有重地, 有圮地, 有圍地, 有死地.

**손자왈 용병지법 유산지 유경지 유쟁지 유교지 유구지 유중지 유비지 유위지 유사지**

손자가 말하기를, 용병의 법에 산지, 경지, 쟁지, 교지, 구지, 중지, 비지, 위지, 사지가 있다.

諸侯自戰其地者, 爲散地. 入人之地而不深者,爲輕地.

제후자전기지자 위산지 입인지지이불심자 위경지

제후가 스스로 자기 영토 내에서 싸우는 곳을 산지라 하고, 적의 땅에 들어가되 깊이 들어가지 않은 곳을 경지라 한다.

我得亦利, 彼得亦利者, 爲爭地. 我可以往, 彼可以來者, 爲交地.

아득역리 피득역리자 위쟁지 아가이왕 피가이래자 위교지

내가 얻어도 유리하고, 적이 얻어도 유리한 곳을 쟁지라 한다. 내가 갈 수도 있고(가기 쉽고), 적도 올 수도 있는 곳을 교지라 한다.

諸侯之地三屬, 先至而得天下之衆者, 爲衢也. 入人之地深, 背城邑多者, 爲重地.

제후지지삼속 선지이득천하지중자 위구지 입인지지심 배성읍다자 위중지

아국과 적국 그리고 제3국(제후)의 국경이 서로 접한 곳으로서 먼저 가서 점령하게 되면 천하의 백성(또는 동맹세력)을 얻을 수 있는 곳을 구지라 한다. ―외교와 통상

의 요충지-적국 깊숙이 들어가 배후에 적의 성읍이 많이 있는 곳을 중지라 한다. -빠져 나오기 어렵고, 배후의 공격을 받기 쉽다-

山林, 險阻, 沮澤, 凡難行之道者, 爲圮地.

산림 험조 저택 범난행지도자 위비지

산림과 험한 지형과 소택지 등 지나가기 어려운 곳을 비지라 한다.

所由入者隘, 所從歸者迂, 彼寡可以擊吾之衆者, 爲圍地.

소유입자애 소종귀자우 피과가이격오지중자 위위지

들어오는 곳이 좁고, 돌아가는 곳이 구불구불하며, 적의 적은 병력으로 나의 많은 병력을 공격할 수 있는 곳을 위지라 한다. -빽 둘러싸인 곳으로서 매우 불리한 지역-

疾戰則存, 不疾戰則亡者, 爲死地.

질전즉존 부질전즉망자 위사지

서둘러 싸우면 살지만, 서둘러 싸우지 않으면 죽게 되는 곳을 사지라 한다.

是故散地則無戰，輕地則無止，爭地則無攻，交地則無絶，衢地則合交，

시고산지즉무전 경지즉무지 쟁지즉무공 교지즉무절 구지즉합교

이런 까닭에, 산지에서는 싸우지 말고, 경지에서는 머물지 말고, 쟁지에서는 공격하지 말고, 교지에서는 (부대간의 연락을) 단절시키지 말고, 구지에서는 외교 친선에 힘쓰고,

重地則掠，圮地則行，圍地則謀，死地則戰.

중지즉략 비지즉행 위지즉모 사지즉전

중지에서는 현지 조달(징발)에 힘쓰고, 비지에서는 (신속히) 지나가고, 위지에서는 계책을 쓰고, 사지에서는 (죽기로)싸워야 한다.

所謂古之善用兵者，能使敵人，前後不相及，衆寡不相恃，貴賤不相救，上下不相扶，卒離而不集，兵合而不齊.

소위고지선용병자 능사적인 전후불상급 중과불상시 귀천불상구 상하불상부 졸리이부집 병합이부제

이른바 옛날에 용병을 잘하는 사람은, 적으로 하여금 앞과 뒤가 서로 연계되지(닿지) 못하게 하고, 주력 본대와 소부대가 서로 믿고 의지하지 못하게 하고, 상급자와 하급자가 서로 구하지 못하게 하고, 상하가 서로 기대지 못하게 하고, 병사들이 흩어져 모이지 못하게 하고, 집결되어도 정연하지 못하게 했다.

合於利而動, 不合於利而止.

**합어리이동 불합어리이지**

이익에 맞으면 움직이고, 이익에 맞지 않으면 그친다.

敢問敵衆整而將來, 待之若何? 曰先奪其所愛, 則聽矣.

**감문적중이장래 대지여하 왈선탈기소애 즉청의**

감히 묻건대, 적이 우세하고 정연한 태세로 오면 어떻게 대처하겠는가? (대답하여) 말하되, 먼저 적이 가장 아끼는 것을 빼앗으면 내말을 (순순히) 따를 것이다.

兵之情主速, 乘人之不及, 由不虞之道, 攻其所不戒也.

**병지정주속 승인지불급 유불우지도 공기소불계야**

군사작전의 으뜸은 신속함이니, 적이 미치지 못하는 틈을 타, 생각지도 못한 길을 경유하여, 경계하지 않는 곳을 공격해야 한다.

凡爲客之道, 深入則專, 主人不克, 掠於饒野, 三軍足食,

범위객지도 심입즉전 주인불극 략어요야 삼군족식

克(극) : 이길 극. 饒(요) : 넉넉할 요

무릇 원정 작전의 요령은, 깊이 들어가면 굳게 뭉치게 되어 적이 대항하지 못하는 것이니, (적의) 풍요한 농지에서 좋은 곡식을 약탈하여 전군을 충분히 먹이고,

謹養而勿勞, 幷氣積力, 運兵計謀, 爲不可測.

근양이물로 병기적력 운병계모 위불가측

힘을 비축하고 피로하지 않게 하며, 사기를 진작시키고 힘(전투력)을 쌓으며, 군대를 운용하며 책략을 세우되, 가히 (적이) 예측하지 못하도록 한다.

投之無所往, 死且不北, 死焉不得士人盡力. 兵士甚陷則不懼, 無所往則固, 入深則拘, 不得已則鬪.

투지무소왕 사차불배 사언부득사인진력 병사심함즉불구 무소왕즉고 입심즉구 부득이즉투

懼(구) : 두려워할 구

갈데 없는 곳에 투입하면 죽더라도 도망하지 않으니, 죽게 되었는데 어찌 병사들이 힘을 다하지 않겠는가. 병사들은 심한 위험에 빠지면 (오히려) 두려워하지 않고, 갈 곳이 없으면 마음을 굳게 먹으며, (적지에) 깊이 들어가면 뭉치고, 어쩔 수 없으면 싸우게 된다.

是故其兵不修而戒, 不求而得, 不約而親, 不令而信, 禁祥去疑, 至死無所之.

시고기병불수이계 불구이득 불약이친 불령이신 금상거의 지사무소지

이런 까닭에, 그 병사들은 (별도로) 지도하지 않아도 (스스로) 경계하며, 요구하지 않아도 따르며, (언약으로) 얽매지 않아도 (서로) 친해지며, 명령하지 않아도 믿을 것이니(성실하게 각자의 임무를 수행할 것이니), 미신이나 유언비어를 금지하여 미혹을 없애면, 죽음에 이르러도 달아나지 않을 것이다.

吾士無餘財，非惡貨也. 無餘命，非惡壽也.

오사무여재 비오화야 무여명 비오수야

나의 병사들이 재물을 남기지 않음은 재화를 싫어해서가 아니며, 남은 목숨을 아끼지 않음은 오래 사는 것을 싫어해서가 아니다.

令發之日，士坐者涕霑襟，臥者涕交頤.

령발지일 사좌자체점금 와자체교이

涕(체) : 눈물 체. 霑(점) : 적실 점. 襟(금) : 옷깃 금. 頤(이) : 턱 이

명령이 떨어지는 날이면 병사들 중에 앉은 자는 눈물이 옷깃을 적시고, 누운 자는 눈물이 턱으로 흐른다.

投之無所往，則諸劌之勇也.

투지무소왕 즉제궤지용야

(이들을) 갈 곳 없는 곳에 던져 넣으면, 전제나 조궤와 같은 용기를 보인다.

故善用兵者，譬如率然，率然者恒山之蛇也，擊其首則尾至，擊其尾則首至，擊其中身則首尾俱至.

고선용병자 비여솔연 솔연자항산지사야 격기수즉미지 격기미즉수지 격기중신즉수미구지

그러므로 용병을 잘하는 자는, 비유하건데 (용병하기를) 솔연과 같이 하니, 솔연은 항산에 사는 뱀으로, 그 머리를 치면 꼬리가 덤비고, 그 꼬리를 치면 머리가 덤비며, 그 허리를 치면 머리와 꼬리가 함께 덤빈다.

敢問, 兵可使如率然乎? 曰, 可. 越人與吳人, 相惡也. 當其同舟而濟, 其相救也, 如左右手.

감문 병가사여솔연호 왈 가 월인여오인 상오야 당기동주이제 기상구야 여좌우수

감히 묻건대, 병사들을 솔연처럼 되게 할 수 있는가? (대답하여) 말하기를, 가능하다. (무릇) 월나라 사람이 오나라 사람과 더불어 서로 미워하지만, 같은 배를 타고 건너 갈 때에 (폭풍과 같은 위험한 상황이 생기면) 마치 좌우의 손처럼 서로 도울 것이다.

是故方馬埋輪, 未足恃也.

시고방마매륜 미족시야

이런 까닭에, 말을 묶어놓고 수레바퀴를 땅에 묻더라도 (도망갈 수 있는 모든 수단을 제거하여 결심이 굳음을 보여주더라도), 아직 믿을 수 있는 것은 아니다.

齊勇若一, 政之道也. 剛柔皆得, 地之理也.

**제용약일 정지도야 강유개득 지지리야**

(병사들로 하여금) 마음을 합하고 용감하게 하여 하나처럼 만드는 것이, 군대를 다스리는 도이며, 강한 자나 유약한 자가 가지고 있는 힘을 모두 얻을 수 있게 하는 것이 지세를 이용하는 이치다.

故善用兵者, 携手若使一人, 不得已也.

**고선용병자 휴수약사일인 부득이야**

携(휴) : 끌 휴, 손에 가질 휴

그러므로 용병을 잘 하는 자는, 마치 한 사람처럼 손에 손을 잡고 협력하게 하니, 그렇게 하지 않을 수 없게 하기 때문이다. -그래서 상황조성이 중요함-

將軍之事, 靜以幽, 正以治. 能愚士卒之耳目, 使之無知.

**장군지사 정이유 정이치 능우사졸지이목 사지무지**

장수의 일은 고요해서 어둠 속 같고, 올바르게 해서 다스리는 것이니, 사졸들의 눈과 귀를 어리석게 만들어 그들이 알지 못하게 해야 한다.

易其事, 革其謀, 使民無識, 易其居, 于其途, 使人不得慮.

역기사 혁기모 사인무식 역기거 우기도 사인부득려

그 일을 바꾸고 그 계략을 고치되 남들이 알지 못하도록 하고, 그 주둔지를 바꾸고, 그 길을 가되, 남들이 헤아리지 못하도록 한다.

帥與之期, 如登高而去其梯, 帥與之深入諸侯之地, 而發其機, 若驅群羊, 驅而往, 驅而來, 莫知所之.

수여지기 여등고이거기제 수여지심입제후지지 이발기기 약구군양 구이왕 구이래 막지소지

驅(구) : 몰 구

장수가 병사와 더불어 결전을 기하되, 마치 높은 곳에 오르게 하고 사다리를 치워버리듯 하며, 장수가 병사와 더불어 제후(적국)의 땅 깊숙이 들어가되 마치 궁노를 발사하듯이 하고, 마치 양떼를 몰고 가며 몰고 옴에 그들이 알지 못하게 하는 것과 같다.

聚三軍之衆, 投之於險, 此將軍之事也.

취삼군지중 투지어험 차장군지사야

삼군의 군사를 모아서 위험한 곳에 투입하는 것, 이것이 이른바 장군의 일이다.

九地之變, 屈伸之利, 人情之理, 不可不察也.

구지지변 굴신지리 인정지리 불가불찰야

구지의 변화(상황별 지형의 활용)와 군대를 굽히고 펴는 것(군대를 출동시키거나 거두어들이는 것)의 이로움, 사람의 심리변화의 이치 등은 잘 살피지 않으면 안 된다.

凡爲客之道, 深則專, 淺則散.

범위객지도 심즉전 천즉산

무릇 원정군의 입장에서는 깊이 들어가면 단결하게 되고, 얕게 들어가게 되면 마음이 흩어진다.

去國越境而師者, 絶地也. 四徹者, 衢地也. 入深者, 重地也. 入淺者, 輕地也. 背固前隘者, 圍地也. 無所往者, 死地也.

거국월경이사자 절지야 사철자 구지야 입심자 중지야 입천자 경지야 배고전애자 위지야 무소왕자 사지야

나라를 떠나 국경을 넘어서 군대를 부리는 곳이 절지

요, 사방으로 통하는 곳이 구지요, 깊이 들어간 곳이 중지요, 얕게 들어간 곳이 경지요, 뒤는 험하고 앞은 좁은 곳이 위지요, 나갈 데가 없는 곳이 사지다.

是故散地, 吾將一其志, 輕地, 吾將使之屬, 爭地, 吾將使不留,

시고산지 오장일기지 경지 오장사지속 쟁지 오장추기후

이런 까닭에, 산지에서는 내 장차 병사들의 뜻을 하나로 해야 하고, 경지에서는 내 장차 각 부대간의 결속을 긴밀히 해야 하고, 쟁지에서는 내 장차 (오래 끌며) 머무르지 말아야 하고,

交地, 吾將固其結, 衢地, 吾將謹其恃, 重地, 吾將趣其後,

교지 오장고기결 구지 오장근기시 중지 오장계기식 중지 오장취기후

교지에서는 내 장차 (피아가 진출이 용이한 지형이니 후속지원부대 등) 결합(지원)을 확고히 해야 하고, 구지에서는 내 장차 (인접국가와 맺은 외교관계를) 삼가 믿을 수 있게 해야 하고, 중지에서는 내 장차 (식량과 보급품 등

이) 그 뒤를 따르도록 해야(후속지원을 해야) 하고,

圮地, 吾將進其途, 圍地, 吾將塞其闕, 死地, 吾將示之以不活.

비지 오장진기도 위지 오장색기궐 사지 오장시지이불활

비지에서는 내 장차 신속히 통과해야 하고, 위지에서는 내 장차 도망갈 곳을 봉쇄해야 하고, 사지에서는 내 장차 살아남을 수 없음을 보여주어야 한다.

故兵之情, 圍則禦, 不得已則鬪, 逼則從.

시병지정 위즉어 부득이즉투 핍즉종

그러므로 병사들의 심리는 포위되면 (스스로) 방어하고, 어쩔 수 없으면 싸우며, 막히면(궁지에 빠지면) 명령에 따른다.

是故不知諸侯之謀者, 不能豫交, 不知山林險阻沮澤之形者, 不能行軍, 不用鄕導者, 不能得地利.

시고부지제후지모자 불능예교 부지산림험조저택지형자 불능행군 불용향도자 불능득지리

이런 까닭에, 제후(제3국)의 계략을 모르면 사전에 외교관계를 맺을 수 없고, 산림과 험난한 지형, 소택지 등의

지형을 알지 못하면 행군할 수 없고, 지역 안내자를 쓰지 않으면 지형의 이점을 얻을 수 없다.

四五者, 一不知, 非王霸之兵也.

사오자 일부지 비왕패지병야

霸(패) : 으뜸 패, 우두머리 패

(四五 즉) 구지 중에 하나라도 모르면 왕패의 군대가 아니다. -패왕이 아니라 왕패다-

夫王霸之兵, 伐大國, 則其衆不得聚, 威加於敵, 則其交不得合.

부왕패지병 벌대국 즉기중부득취 위가어적 즉기교부득합

무릇 왕패의 군대는, 그가 큰나라를 정벌하게 되면, 그 큰나라가 미처 군대를 집결시키지 못하게 되고, (압도적인) 위세를 적국에게 가하여, 그 외교관계를 맺지 못하게 한다.

是故不爭天下之交, 不養天下之權, 信己之私, 威加於敵, 故其城可拔, 其國可隳.

시고부쟁천하지교 불양천하지권 신기지사 위가어적 고기성가발 기국가휴

이런 까닭에, 천하의 외교문제를 다투지 않고, 적대세력을 키우지도 않고, 자신의 위세를 펼쳐서 적에게 적용하면, 적의 성을 함락시킬 수 있고, 그 나라를 멸망시킬 수 있는 것이다.

無法之賞, 懸無政之令, 犯三軍之衆, 若使一人.

무법지상 현무정지령 범삼군지중 약사일인

법에도 없는 (파격적인) 상을 내리고, 정사에도 없는(평소와 다른) 법령을 내걸면, 삼군의 무리를 지휘함이 마치 한 사람을 지휘함과 같을 것이다.

犯之以事, 勿告以言, 犯之以害, 勿告以利.

범지이사 물고이언 범지이해 물고이리

일로 움직이게 하되, 말로 고하지 말며, (위험한 지경에 빠뜨리는 등) 해로움으로 움직이게 하되, (요행을 바라는) 이로움으로 고하지 말아야 한다.

投之亡地然後存, 陷之死地然後生, 夫衆陷於害, 然後能爲勝敗.

투지망지연후존 함지사지연후생 부중함어해 연후능위승패

망지(망해버릴 땅)에 던진 후에야 살아남을 수 있고, 사지에 빠뜨린 후에야 살아남을 수 있으니, 무릇 병사들은 해로운(위험한) 처지에 빠진 후에야 승패를 결할 수 있다.

故爲兵之事, 在於順詳敵之意, 幷力一向, 千里殺將, 是謂巧事.

고위병지사 재어순양적지의 병력일향 천리살장 시위교사

그러므로 전쟁이라는 일은, 적의 의도를 따라 순순히 응해주다가, (호기가 포착되면) 힘을 한 방향으로 투입하여, 천리를 달려가 적장을 죽이는 것이니, 이를 일러 교묘히 일을 이룬다고 한다.

是故政擧之日, 夷關折符, 無通其使, 勵於廟堂之上, 以誅其事.

시고정거지일 이관절부 무통기사 려어묘당지상 이주기사

夷(이) : 없이할 이, 오랑캐 이. 勵(려) : 힘쓸 려, 誅(주) : 벨 주

이런 까닭에, 전쟁이 결정된 날에는, 관문을 막고 통행증을 폐지하며, (적국의) 사신을 통과시키지 말아야 하며, 조정회의에서는 전의를 독려해서, 전쟁에 관한 일을 결단한다.

敵人開闔，必亟入之．先其所愛，微與之期，踐墨隨敵，以決戰事．

적인개합 필극입지 선기소애 미여지기 천묵수적 이결전사

闔(합) : 문짝 합. 踐(천) : 밟을 천. 隨(수) : 따를 수. 墨(묵) : 먹 묵

적군이 (바깥) 문을 열면, 반드시(그 호기를 놓치지 말고) 재빠르게 들어가서, 먼저 적국의 (가장) 중요한 요지를 공격하고, 그리고 일단 적과 싸움을 기하지 말고 있다가, 원칙을 고수하는 것을 버리고 적측의 행동에 즉응하여, 결전 여부를 결정한다.

是故始如處女，敵人開戶，後如脫兎，敵不及拒．

시고시여처녀 적인개호 후여탈토 적불급거

이런 까닭에, 처음에는 처녀처럼 (얌전히) 행동하여 적이 (방심하여) 문을 열게 하고, 나중에는 달아나는 토끼처럼 (재빨리) 행동하여 적이 미처 막을 수 없도록 한다.

# 제12 火攻篇(화공편)

화공은 불로 공격하는 것이다. 화공편에는 화공의 종류와 실시요건, 준칙이 제시되어 있고, 지휘통솔에 대해서도 언급하고 있다. 지휘통솔이 여러 편에 언급되는 이유는 전쟁에 임했을 때 그만큼 지휘통솔은 승리에 직접적인 영향을 주기 때문이다. 화공편의 마지막 부분은 전쟁을 개시할 때의 신중성을 강조하고 있다.

孫子曰, 凡攻火有五, 一曰火人, 二曰火積, 三曰火輜, 四曰火庫, 五曰火隊.

**손자왈 범공화유오 일왈화인 이왈화적 삼왈화치 사왈화고 오왈화대**

손자가 말하기를, 무릇 화공에는 다섯 가지가 있는데, 첫째는 사람을 태우는 것이요, 둘째는 쌓아놓은 식량과 땔감을 태우는 것이요, 셋째는 보급품 수레를 태우는 것이요, 넷째는 창고를 태우는 것이요, 다섯째는 적의 교통로와 보급로를 태우는 것이다.

行火必有因，因必素具，

행화필유인 인필소구

화공을 행할 때는 반드시 조건이 있으니, 이러한 조건은 반드시 평소에 갖추어 놓아야 한다.

發火有時，起火有日．時者，天之燥也，日者，月在 箕 壁 翼 軫也．凡此四宿者，風起之日也．

발화유시 기화유일 시자 천지조야 일자 월재 기 벽 익 진야 범차사숙자 풍기지일야

불을 놓을 때는 적당한 시기가 있고, 불을 일으킴에는 적당한 날이 있는 것이다. 불 놓을 시기란 기후가 건조한 때요, 날이란 달이 기, 벽, 익, 진이라는 별자리에 있을 때니, 무릇 이 네 별자리는 바람이 일어나는 날이다.

凡火攻，必因五火之變而應之．

범화공 필인오화지변이응지

무릇 화공은 반드시 다섯가지 화공법에 따라 나타나는 적의 변화에 따라 대응해야 한다.

火發於內，則早應之於外．火發其兵靜勿攻．極其火央，可從而從之，不可從而止之．

화발어내 즉조응지어외 화발기병정물공 극기화앙 가종이종지 불가종이지지

(1) 불이 안에서 일어났으면, 서둘러 밖에서 응한다. 불이 났는데도 적군이 고요하면 공격하지 말아야 하니, 화력이 다할 때까지 끝까지 기다리고 있다가 (적군이 빈틈을 보여) 좇을 만하면 좇고, 좇을 만하지 않으면 그만두어야 한다.

火可發於外, 無待於內, 以時發之.

화공발어외 무대어내 이시발지

(2) 밖에서 불을 지를 수 있으면, 안에서 (불지르기를) 기다리지 말고, 때에 맞게 지른다.

火發上風, 無攻下風.

화발상풍 무공하풍

(3) 불을 지를 때는 바람머리 쪽에서 질러야 하며,

(4) 바람 아래쪽에서 (위로) 공격하지 말아야 한다.

晝風久, 夜風止.

주풍구 야풍지

(5) 낮바람이 오래 불면 밤바람은 그친다.

凡軍必知五火之變，以數守之.

범군필지오화지변 이수수지

무릇 군은 반드시 다섯가지 화공의 변화규칙을 알고, 헤아려 따라야 한다.

故以火佐攻者明，以水佐攻者强. 水可以絶，不可以奪.

고이화좌공자명 이수좌공자강 수가이절 불가이탈

그러므로 불로 공격을 도우려면 현명해야 하고, 물로 공격을 도우려면 강해야 한다. 물로 (적을) 고립시킬 수는 있어도 가히 없어지게 할 수는 없다.

夫戰勝攻取，而不修其功者凶，命曰費留.

부전승공취 이불수기공자흉 명왈비류

무릇 싸움에서 이기고 공격하여 (전리품, 영토 등을)취했더라도, 그 공로에 따라 (적절히) 포상하지 않으면 흉할 것이니, 이를 비류(쓸 데 없이 경비만 쓰는 것)라고 한다.

故曰，明主慮之，良將修之，

고왈 명주려지 양장수지

그러므로 현명한 군주는 (공에 따라 상주는 일을) 신중히 생각하고, 어진 장수는 (공에 따라 상주는 일을) 진지하게 시행한다.

非利不動, 非得不用, 非危不戰.

비리부동 비득불용 비위부전

유리하지 않으면 움직이지 말아야 하며, (승리를) 얻을 만하지 않으면 (군사를) 쓰지 말아야 하며, 위태롭지 않으면 싸우지 말아야 한다.

主不可以怒興師, 將不可以慍戰. 合於利而動, 不合於利而止.

주불가이노흥사 장불가이온전 합어리이동 불합어리이지

興(흥) : 일 흥. 慍(온) : 성낼 온

군주는 분노로 인해 군사를 일으켜서는 안 되며, 장수는 성냄으로 싸움을 해서는 안 된다. 이익에 합치되면 움직이고, 이익에 합치되지 않으면 그친다.

怒可復喜, 慍可復悅, 亡國不可以復存, 死者不可以復生.

노가복희 온가복열 망국불가이복존 사자불가이복생

분노는 다시 즐거움이 될 수 있고, 성냄은 다시 기쁨이 될 수 있지만, 망한 나라는 다시 보존할 수 없고, 죽은 사람은 다시 살아날 수 없다.

故明主愼之, 良將警之, 此安國全軍之道也.

고명주신지 양장경지 차안국전군지도야

그러므로 현명한 군주는 (전쟁을) 신중히 하고(삼가고), 훌륭한 장수는 이를 경계하는 것이니, 이것이 나라를 안정되게 하고 군대를 보전하는 길이다.

# 제13 用間篇(용간편)

용간이란 간첩을 이용하는 것이다. 용간편에는 간첩 활용의 중요성과 효과, 유의사항, 그리고 다섯가지 간첩 활용법에 대해 자세히 언급하고 있다. 간첩 중에 가장 중요한 간첩은 이중간첩 즉 반간이다. 현명한 군주와 장수만이 간첩을 잘 활용할 수 있다. 간첩의 정보를 믿고 전군이 움직이니 간첩의 역할은 매우 중요하다. 손자병법 제1편이 계편인데, 적과 나를 비교하여 전쟁을 결심하는 단계에서 간첩을 통한 적의 역량 파악은 필수적이니 용간 13편과 계 1편은 이런 의미에서 서로 하나로 연계가 되는 것이다. 한간본의 편명은 篇자가 없이 用間이다.

孫子曰，凡興師十萬，出征千里，百姓之費，公家之奉，日費千金，內外騷動，怠於道路，不得操事者，七十萬家.

**손자왈 범흥사십만 출정천리 백성지비 공가지봉 일비천금 내외소동 태어도로 부득조사자 칠십만가**

騷(소) : 떠들 소. 怠(태) : 게으를 태. 操(조) : 잡을 조

손자가 말하기를, 무릇 10만 대군을 일으켜 천리를 정벌해 나가면, 귀족의 경비와 국가의 재정이 하루에 천금이나 소모되고, (국내외) 안팎이 시끄럽고 요란해지며, 피로하여 도로에 나앉아 생업에 종사하지 못하는 자가 칠십만 호가 될 것이다.

相守數年, 以爭一日之勝, 而愛爵祿百金, 不知敵之情者, 不仁之至也, 非民之將也, 非主之佐也, 非勝之主也.

상수수년 이쟁일일지승 이애작록백금 부지적지정자 불인지지야 비민지장야 비주지좌야 비승지주야

수년 동안 서로 대치하여, 결국 하루의 승패를 다투는 것인데, 관직이나 많은 상금을 아껴서 적정을 알려고 하지 않는 자는 어질지 못한 극치이니, 백성의 장수가 아니요 군주의 보좌가 아니요 승리의 주인공이 아닌 것이다.

故明君賢將, 所以動而勝人, 成功出於衆者, 先知也.

고명군현장 소이동이승인 성공출어중자 선지야

그러므로 총명한 군주와 어진 장수가 움직이기만 하면

적을 이겨서 성공이 남보다 뛰어난 것은, (적정을) 미리 알기 때문이다.

先知者, 不可取於鬼神, 不可象於事, 不可驗於度, 必取於人, 知敵之情者也.

**선지자 불가취어귀신 불가상어사 불가험어도 필취어인 지적지정자야**

미리 (적정을) 아는 것은, 귀신에게 얻을 수 없고, 어떤 사실에서 끌어낼 수도 없으며, 어떤 경험적인 법칙에 따라 추론할 수도 없는 것이니, 반드시 사람을 취해 적의 사정을 알아내야 하는 것이다.

故用間有五, 有鄕間, 有內間, 有反間, 有死間, 有生間. 五間俱起, 莫知其道, 是謂神紀, 人君之寶也.

**고용간유오 유향간 유내간 유반간 유사간 유생간 오간구기 막지기도 시위신기 인군지보야**

그러므로 간첩을 씀에는 다섯가지가 있으니, 향간이 있고, 내간이 있고, 반간이 있고, 사간이 있고, 생간이 있다. 다섯가지 간첩을 모두 사용하되, (적이) 그 사용하는 방법을 모르게 하니, 이를 일러 신묘막측한 경지라고 하고, 군주의 보배라고 하는 것이다.

鄕間者, 因其鄕人而用之.

향간자 인기향인이용지

(1) 향간이란, 그 (적국) 고을 주민을 이용하여(이른바 고정간첩) 쓰는 것이다.

內間者, 因其官人而用之.

내간자 인기관인이용지

(2) 내간이란, 그 (적국) 고을 관리를 이용하여 쓰는 것이다.

反間者, 因其敵間而用之.

반간자 인기적간이용지

(3) 반간이란, 적의 간첩(이른바 이중간첩)을 쓰는 것이다.

死間者, 爲誑事於外, 令吾間知之, 而傳於敵間也.

사간자 위광사어외 령오간지지 이전어적간야

(4) 사간이란, 밖에서 거짓 사실을 꾸며서 나의 간첩으로 하여금 이를 알게 하여 적의 간첩에게 전하게 하는 것이다.

生間者, 反報也.

생간야 반보야

(5) 생간이란, (살아) 돌아와서 보고하는 것이다.

故三軍之親, 莫親於間, 賞莫厚於間, 事莫密於間.

고삼군지친 막친어간 상막후어간 사막밀어간

그러므로 삼군의 친밀함이 간첩보다 친밀함이 없고, 상주는 것이 간첩보다 후한 것이 없고, 일이 간첩을 부리는 것보다 은밀한 것이 없다.

非聖不能用間, 非仁不能使間, 非微妙不能得間之實.

비성불능용간 비인불능사간 비미묘불능득간지실

뛰어난 지혜가 있지 않으면 간첩을 쓸 수 없고, 어질지 않으면 간첩을 쓸 수 없고, 미묘함이 아니면 간첩에게서 제공된 정보의 실체를 얻을 수 없다.

微哉微哉, 無所不用間也.

미재미재 무소불용간야

미묘하고도 미묘하니, 간첩을 쓰지 않는 곳이 없다.

間事未發, 而先聞者, 間與所告者皆死.

간사미발 이선문자 간여소고자개사

간첩의 일을 시작도 하기 전에, (그 소문을) 먼저 들은 자가 있으면, 간첩과 그 (소문을) 고한 사람을 모두 죽인다.

凡軍之所欲擊, 城之所欲攻, 人之所欲殺, 必先知其守將, 左右, 謁者, 門者, 舍人之姓名, 令吾間必索知之.

범군지소욕격 성지소욕공 인지소욕살 필선지기수장 좌우 알자 문자 사인지성명 령오간필색지지

무릇 공격하려는 군대와 공격하려는 성과 죽이려는 사람이 있으면, 반드시 먼저 그 수장과 좌우(의 신하), 부관, 문객, 시중인의 성명을 알아야 하니, 나의 간첩을 시켜서 반드시 탐색하여 알아내야 한다.

必索敵間之來間我者, 因而利之, 導而舍之, 故反間可得而用也.

필색적간지래간아자 인이리지 도이사지 고반간가득이용야

반드시 나를 염탐하러온 적의 간첩을 찾아내어, 그를 이익으로 매수하여, 이끌어 집에 머물게 하고, 그리하여

반간으로 얻어 쓸 수 있을 것이다.

因是而知之, 故鄕間內間可得而使也. 因是而知之, 故死間爲誑事, 可使告敵.

인시이지지 고향간내간가득이사야 인시이지지 고사간위광사 가사고적

誑(광) : 속일 광

이 반간으로 말미암아 (적의 사정을) 알 수 있으므로 향간이나 내간을 획득하여 쓸 수 있게 될 것이다. 이 반간으로 말미암아 (적의 사정을) 알 수 있으므로 사간을 통해 거짓 일을 꾸며 가히 적에게 알리게 할 수 있다.

因是而知之, 故生間可使如期.

인시이지지 고생간가사여기

이 반간으로 말미암아 (적의 사정을) 알 수 있으므로 생간을 가히 예정된 기한에 돌아오게 할 수 있다.

五間之事, 必知之, 知之必在於反間, 故反間不可不厚也.

오간지사 필지지 지지필재어반간 고반간불가불후야

다섯가지 간첩의 활동은 (군주가) 반드시 알아야 하는

것인데, 알 수 있는 것은 반드시 반간에 달려 있으니, 그러므로 반간을 후하게 대하지 않을 수 없다.

昔殷之興也, 伊摯在夏, 周之興也, 呂牙在殷.
**석은지흥야 이지재하 주지흥야 여아재은**

옛날에 은나라가 일어날 때 이지(이윤)가 하나라에 있었고, 주나라가 일어날 때 여아(강태공)가 은나라에 있었다.

故惟明君賢將, 能以上智爲間者, 必成大功, 此兵之要, 三軍之所恃而動也.
**고유명군현장 능이상지위간자 필성대공 차병지요 삼군지소시이동야**

그러므로 오직 명석한 군주와 현명한 장수만이 능히 높은 지혜를 가진 사람을 간첩으로 삼아, 반드시 큰 공을 이룰 것이니, 이것이 병법의 요점이고 삼군이 (간첩이 가져다 준 정보를) 믿고 움직이는 근거가 되는 것이다.

제 4 단 계 전 략

# 깊이 보기

## 한문 원문편

- 한문 원문에 도전해 본다.
- 깊은 맛을 느낄 수 있다.
- 전부 6,109자에 불과하다.
- 읽지 말고 눈으로 그냥 보라.
- 한문 원문만으로 1000독을 할 수 있다.
- 진정한 완전정복은 여기서 시작된다.
- 보라색 글씨는 제2단계 전략빨리보기 한글해역편과 일치시킨 외워둘만한 중요한 어귀다.

## 計篇 1

孫子曰, 兵者, 國之大事也, 死生之地, 存亡之道, 不可不察也. 故經之以五, 校之以計, 而索其情 一曰道, 二曰天, 三曰地, 四曰將, 五曰法. 道者, 令民與上同意也, 故可與之死, 可與之生, 而民不詭也. 天者, 陰陽, 寒暑, 時制也. 地者, 高下, 遠近, 險易, 廣狹, 死生也. 將者, 智, 信, 仁, 勇, 嚴也. 法者, 曲制, 官道, 主用也. 凡此五者, 將莫不聞, 知之者勝, 不知者不勝. 故校之以計, 而索其情. 曰 主孰有道, 將孰有能, 天地孰得, 法令孰行, 兵衆孰强, 士卒孰練, 賞罰孰明, 吾以此 知勝負矣. 將聽吾計, 用之必勝, 留之. 將不聽吾計, 用之必敗, 去之. 計利以聽, 乃爲之勢, 以佐其外. 勢者, 因利而制權也.

兵者, 詭道也. 故能而示之不能, 用而示之不用, 近而示之遠, 遠而示之近. 利而誘之, 亂而取之, 實而備之, 强而避之, 怒而撓之, 卑而驕之, 佚而勞之, 親而離之. 攻其無備, 出其不意. 此兵家之勝, 不可先傳也. 夫未戰而廟算勝者, 得算多也. 未戰而廟算不勝者, 得算少也. 多算勝, 少算不勝, 而況於無算乎. 吾以此觀之, 勝負見矣.

## 作戰篇 2

孫子曰, 凡用兵之法, 馳車千駟, 革車千乘, 帶甲十萬, 千里饋糧, 則內外之費, 賓客之用, 膠漆之材, 車甲之奉, 日費千金, 然後十萬之師擧矣. 其用戰也, 勝久則鈍兵挫銳, 攻城則力屈, 久暴師則國用不足, 夫鈍兵挫銳, 屈力殫貨, 則諸侯乘其弊而起, 雖有智者, 不能善其後矣. 故兵聞拙速, 未睹巧之久也. 夫兵久而國利者, 未之有也. 故不盡知用兵之害者, 則不能盡知用兵之利也. 善用兵者, 役不再籍, 糧不三載, 取用於國, 因糧於敵, 故軍食可足也. 國之貧於師者, 遠師者遠輸, 遠輸則百姓貧, 近師者貴賣, 貴賣則財竭, 財竭則急於丘役. 力屈中原, 內虛於家, 百姓之費十去其七.

公家之費, 破車罷馬, 甲冑弓弩, 戟楯矛櫓, 丘牛大車, 十去其六. 故智將務食於敵, 食敵一鍾, 當吾二十鍾, 萁稈一石, 當吾二十石. 故殺敵者, 怒也, 取敵之利者, 貨也. 故車戰, 得車十乘以上, 賞其先得者, 而更其旌旗, 車雜而乘之, 卒善而養之, 是謂勝敵而益强. 故兵貴勝, 不貴久. 故知兵之將, 民之司命, 國家安危之主也.

## 謀攻篇 3

孫子曰, 凡用兵之法, 全國爲上, 破國次之, 全軍爲上, 破軍次之, 全旅爲上, 破旅次之, 全卒爲上, 破卒次之, 全伍爲上, 破伍次之. 是故百戰百勝, 非善之善者也, 不戰而屈人之兵, 善之善者也. 故上兵伐謀, 其次伐交, 其次伐兵, 其下攻城. 攻城之法, 爲不得已, 修櫓轒轀, 具器械, 三月而後成, 距堙, 又三月而後已. 將不勝其忿而蟻附之, 殺士卒三分之一, 而城不拔者, 此攻之災也. 故善用兵者, 屈人之兵而非戰也, 拔人之城而非攻也, 毁人之國而非久也, 必以全爭於天下, 故兵不鈍而利可全, 此謀攻之法也.

故用兵之法, 十則圍之, 五則攻之, 倍則戰之, 敵則能分之, 少則能守之, 不若則能避之. 故少敵之堅, 大敵之擒也. 夫將者, 國之輔也, 輔周則國必强, 輔隙則國必弱. 故君之所以患於軍者三, 不知軍之不可以進而謂之進, 不知軍之不可以退而謂之退, 是謂縻軍.

不知三軍之事, 而同三軍之政, 則軍士惑矣. 不知三軍之權, 而同三軍之任, 則軍士疑矣. 三軍旣惑且疑, 則諸侯之難至矣, 是謂亂軍引勝. 故知勝有五. 知可以與戰不可以與戰者勝, 識衆寡之用者勝, 上下同欲者勝, 以虞待不虞者勝, 將能而君不御者勝, 此五者, 知勝之道也. 故曰 知彼知己, 百戰不殆.

不知彼而知己, 一勝一負, 不知彼不知己, 每戰必殆.

# 形篇 4

孫子曰, 昔之善戰者, 先爲不可勝, 以待敵之可勝. 불가勝在己, 可勝在敵. 故善戰者, 能爲不可勝, 不能使敵之必可勝. 故曰, 勝可知, 而不可爲. 不可勝者, 守也, 可勝者, 攻也. 守則有餘, 攻則不足. 善守者, 藏於九地之下, 善攻者, 動於九天之上, 故能自保而全勝也. 見勝不過衆人之所知, 非善之善者也, 戰勝而天下曰善, 非善之善者也. 故擧秋毫不爲多力, 見日月不爲明目, 聞雷霆不爲聰耳. 古之所謂善戰者, 勝於易勝者也. 故善戰者之勝也, 無奇勝, 無智名, 無勇功. 故其戰勝不忒, 不忒者, 其所措勝, 勝已敗者也. 故善戰者, 立於不敗之地, 而不失敵之敗也. 是故, 勝兵先勝而後求戰, 敗兵先戰而後求勝.

善用兵者, 修道而保法, 故能爲勝敗正. 法, 一曰度, 二曰量, 三曰數, 四曰稱, 五曰勝. 地生度, 度生量, 量生數, 數生稱, 稱生勝. 故勝兵若以鎰稱銖, 敗兵若以銖稱鎰. 稱勝者之戰民也, 若決積水於千仞之谿者, 形也.

# 勢篇 5

孫子曰, 凡治衆如治寡, 分數是也. 鬪衆如鬪寡, 形名是也. 三軍之衆, 可使畢受敵而無敗者, 奇正是也. 兵之所加, 如以碬投卵者, 虛實是也. 凡戰者, 以正合, 以奇勝. 故善出奇者, 無窮如天地, 不竭如江海, 終而復始, 日月是也, 死而复生, 四時是也. 聲不過五, 五聲之變不可勝聽也. 色不過五, 五色之變不可勝觀也. 味不過五, 五味之變不可勝嘗也. 戰勢不過奇正, 奇正之變不可勝窮也. 奇正環相生, 如環之無端, 孰能窮之. 激水之疾, 至於漂石者, 勢也. 鷙鳥之擊, 至於毁折者, 節也. 是故善戰者, 其勢險, 其節短, 勢如彍弩, 節如發機. 紛紛紜紜, 鬪亂而不可亂, 渾渾沌沌, 形圓而不可敗. 亂生於治, 怯生於勇, 弱生於强. 治亂, 數也, 勇怯, 勢也, 强弱, 形也. 故善動敵者, 形之, 敵必從之, 予之, 敵必取之. 以此動之, 以卒待之. 故善戰者, 求之於勢, 不責於人. 故能擇人而任勢. 任勢者, 其戰人也, 如轉木石. 木石之性, 安則靜, 危則動, 方則止, 圓則行. 故善戰人之勢, 如轉圓石於千仞之山者, 勢也.

## 虛實篇 6

孫子曰, 凡先處戰地而待敵者佚, 後處戰地而趨戰者勞. 故善戰者, 致人而不致於人. 能使敵人自至者, 利之也, 能使敵人不得至者, 害之也. 故敵佚能勞之, 飽能飢之, 安能動之, 出其必趨也. 行千里而不勞者, 行於無人之地也. 攻而必取者, 攻其所不守也. 守而必固者, 守其所必攻也. 故善攻者, 敵不知其所守, 善守者, 敵不知其所攻. 微乎微乎, 至於無形, 神乎神乎, 至於無聲, 故能爲敵之司命. 進而不可禦者, 衝其虛也, 退而不可追者, 速而不可及也. 故我欲戰, 敵雖高壘深溝, 不得不與我戰者, 攻其所必救也. 我不欲戰, 雖劃地而守之, 敵不得與我戰者, 乖其所之也.

故形人而我無形, 則我專而敵分. 我專爲一, 敵分爲十, 是以十攻其一也. 則我衆敵寡, 能以衆擊寡, 則吾之所與戰者 約矣. 吾所與戰之地不可知, 不可知, 則敵所備者多, 敵所備者多, 則吾所與戰者寡矣.

故備前則後寡, 備後則前寡, 備左則右寡, 右則左寡, 無所不備, 則無所不寡. 寡者, 備人者也. 衆者, 使人備己者也. 故知戰之地, 知戰之日, 可千里而戰. 不知戰地, 不知戰日, 則左不能救右, 右不能救左, 前不能救後, 後不能救前, 而況遠者數十里, 近者數里乎. 以吾度之, 越人之兵雖多, 亦奚益於勝哉. 故曰, 勝可爲也. 敵雖衆, 可使無鬪. 故策之而知得失之計, 作之而知動靜之理, 形之而知死生之地, 角之而知有餘不足之處. 形兵之極, 至於無形. 無形, 則深間不能窺, 智者不能謀. 因形而措勝於衆, 衆不能知. 人皆知我所勝之形, 而莫知吾所以制勝之形. 故其戰勝不復, 而應形於無窮. 夫兵形象水, 水之形, 避高而趨下, 兵之形, 避實而擊虛. 水因地而制行, 兵因敵而制勝.

故兵無成勢, 無恒形, 能因敵變化而取勝者, 謂之神.

故五行無常勝, 四時無常位, 日有短長, 月有死生.

# 軍爭篇 7

孫子曰, 凡用兵之法, 將受命於君, 合軍聚衆, 交和而舍, 莫難於軍爭. 軍爭之難者, 以迂爲直, 以患爲利.

故迂其途而誘之以利, 後人發, 先人至, 此知迂直之計者也. 故軍爭爲利, 軍爭爲危. 擧軍而爭利則不及, 委軍而爭利則輜重捐. 是故捲甲而趨, 日夜不處, 倍道兼行, 百里而爭利, 則擒三軍將, 勁者先, 疲者後, 其法十一而至. 五十里而爭利, 則蹶上將, 其法半至, 三十里而爭利, 則三分之二至. 是故軍無輜重則亡, 無糧食則亡, 無委積則亡. 故不知諸侯之謀者, 不能豫交, 不知山林險阻沮澤之形者, 不能行軍, 不用鄕導者, 不能得地利. 故兵以詐立, 以利動, 以分合爲變者也. 故其疾如風, 其徐如林, 侵掠如火, 不動如山, 難知如陰, 動如雷震. 掠鄕分衆, 廓地分利, 懸權而動, 先知迂直之計者勝, 此軍爭之法也. 軍政曰, 言不相聞, 故爲金鼓, 視不相見, 故爲旌旗. 故夜戰多金 夫金鼓旌旗者, 所以一民之耳目也, 民旣專一, 則勇者不得獨進, 怯者不得獨退, 此用衆之法也.

故三軍可奪氣, 將軍可奪心. 是故朝氣銳, 晝氣惰, 暮氣歸. 故善用兵者, 避其銳氣, 擊其惰歸, 治氣者也.

以治待亂, 以靜待譁, 此治心者也. 以近待遠, 以佚待勞, 以飽待飢, 此治力者也. 無邀正正之旗, 勿擊堂堂之陣, 此治變者也. 故用兵之法, 高陵勿向, 背丘勿逆, 佯北勿從, 銳卒勿攻, 餌兵勿食, 歸師勿遏, 圍師遺闕, 窮寇勿迫, 此用兵之法也.

# 九變篇 8

孫子曰, 凡用兵之法, 將受命於君, 合軍聚衆, 圮地無舍, 衢地合交, 絶地無留, 圍地則謀, 死地則戰, 途有所不由, 軍有所不擊, 城有所不攻, 地有所不爭, 君命有所不受. 故將通於九變之利者, 知用兵矣.

將不通於九變之利者, 雖知地形, 不能得地之利矣.

治兵不知九變之術, 雖知五利, 不能得人之用矣.

是故, 智者之慮, 必雜於利害, 雜於利, 故務可信也, 雜於害, 故憂患可解也是故, 屈諸侯者以害, 役諸侯者以業, 趨諸侯者以利. 故用兵之法, 無恃其不來, 恃吾有以待也, 無恃其不攻, 恃吾有所不可攻也. 故將有五危, 必死, 可殺也, 必生, 可虜也, 忿速, 可侮也. 廉潔, 可辱也, 愛民, 可煩也. 凡此五者, 將之過也, 用兵之災也. 覆軍殺將, 必以五危, 不可不察也.

## 行軍篇 9

孫子曰, 凡處軍, 相敵, 絶山依谷, 視生處高, 戰隆毋登, 此處山之軍也. 絶水必遠水, 客絶水而來, 勿迎之於水內, 令半濟而擊之, 利, 欲戰者, 無附於水而迎客, 視生處高, 無迎水流, 此處水上之軍也. 絶斥澤, 惟亟去無留, 若交軍於斥澤之中, 必依水草而背衆樹, 此處斥澤之軍也, 平陸處易, 右背高, 前死後生, 此處平陸之軍也. 凡此四軍之利, 黃帝之所以勝四帝也.

凡軍好高而惡下，貴陽而賤陰，養生而處實，軍無百疾，是謂必勝. 丘陵堤防，必處其陽，而右背之，此兵之利也，地之助也. 上雨，水沫至，止涉，待其定也.

絶天澗，天井，天牢，天羅，天陷，天隙，必亟去之，勿近也. 吾遠之，敵近之，吾迎之，敵背之. 旁有險阻，潢井，葭葦，小林，翳薈者，必謹覆索之，伏姦之所也.

敵近而靜者，恃其險也，敵遠而挑戰者，欲人之進也.

其所居易者，利也. 衆樹動者，來也. 衆草多障者，疑也. 鳥起者，伏也. 獸駭者，覆也. 塵高而銳者，車來也. 卑而廣者，徒來也. 散而條達者，樵採也. 少而往來者，營軍也. 辭卑而益備者，進也. 辭强而進驅者，退也. 輕車先出，居其側者，陳也. 無約而請和者，謀也. 奔走而陳兵車者，期也. 半進半退者，誘也. 仗而立者，飢也. 汲役先飮者，渴也. 見利而不進者，勞也. 鳥集者，虛也. 夜呼者，恐也. 軍擾者，將不重也. 旌旗動者，亂也. 吏怒者，倦也. 粟馬肉食者，軍無懸甑，不返其舍者，窮寇也. 諄諄翕翕，徐與入入者，失衆也. 數賞者，窘也. 數罰者，困也. 先暴而後畏其衆者，不精之至也. 來委謝者, 欲休息也. 兵怒而相迎, 久而不合, 又不相去, 必謹察之. 兵非多益, 惟無武進, 足以幷力, 料敵, 取人而已. 夫惟無慮而易敵者, 必擒於人.

卒未親附而罰之, 則不服, 不服則難用. 卒已親附而罰不行, 則不可用也. 故合之以文, 齊之以武, 是謂必取. 令素行以教其民, 則民服, 令素不行以教其民, 則民不服, 令素行者, 與衆相得也.

## 地形篇 10

孫子曰, 地形有通者, 有掛者, 有支者, 有隘者, 有險者, 有遠者. 我可以往, 彼可以來, 曰通. 通形者, 先居高陽, 利糧道, 以戰則利. 可以往, 難以返, 曰掛. 掛形者, 敵無備, 出而勝之, 敵有備, 出而不勝, 則難以返, 不利. 我出而不利, 彼出而不利, 曰支, 支形者, 敵雖利我, 我無出也, 引而去之, 令敵半出而擊之, 利.

隘形者, 我先居之, 必盈之以待敵. 若敵 先居之,盈而勿從，不盈而從之. 險形者，我先居之，必居高陽以待敵，若敵先居之，引而去之，勿從也. 遠形者，勢均，難以挑戰，戰而不利. 凡此六者，地之道也，將之至任，不可不察也. 故兵有走者，有弛者，有陷者，有崩者，有亂者，有北者. 凡此六者，非天地之災，將之過也.

夫勢均，以一擊十，曰走. 卒强吏弱，曰弛. 吏强卒弱，曰陷. 大吏怒而不服，遇敵懟而自戰，將不知其能，曰崩. 將弱不嚴，敎道不明，吏卒無常，陳兵縱橫，曰亂.

將不能料敵，以少合衆，以弱擊强，兵無選鋒，曰北.

夫地形者，兵之助也. 料敵制勝，計險易遠近，上將之道也. 知此而用戰者，必勝. 不知此而用戰者必敗.

故戰道必勝，主曰無戰，必戰可也. 戰道不勝，主曰必戰，無戰可也. 故進不求名，退不避罪，唯民是保而利於主，國之寶也. 卒如嬰兒，故 可與之赴深谿，視卒如愛子，故可與之俱死.

厚而不能使，愛而不能令，亂而不能治，譬如驕子，不可用也. 知吾卒之可以擊，而不知敵之不可擊，勝之半也. 知敵之可擊, 而不知吾卒之不可以擊, 勝之半也. 知敵之可擊, 知吾卒之可以擊, 而不知地形之不可以戰, 勝之半也. 故知兵者, 動而不迷, 擧而不窮. 故曰, 知彼知己, 勝乃不殆, 知天知地, 勝乃可全.

## 九地篇 11

孫子曰, 用兵之法, 有散地, 有輕地, 有爭地, 有交地, 有衢地, 有重地, 有圮地, 有圍地, 有死地. 諸侯自戰其地者, 爲散地. 入人之地而不深者, 爲輕地. 我得亦利, 彼得亦利者, 爲爭地. 我可以往, 彼可以來者, 爲交地.

諸侯之地三屬, 先至而得天下之衆者, 爲衢也. 入人之地深, 背城邑多者, 爲重地. 山林, 險阻, 沮澤, 凡難行之道者, 爲圮地. 所由入者隘, 所從歸者迂, 彼寡可以擊吾之衆者, 爲圍地. 疾戰則存, 不疾戰則亡者, 爲死地. 是故散地則無戰, 輕地則無止, 爭地則無攻, 交地則無絶, 衢地則合交, 重地則掠, 所謂古之善用兵者, 能使敵人, 前後不相及, 衆寡不相恃, 貴賤不相救, 上下不相扶, 卒離而不集, 兵合而不齊. 合於利而動, 不合於利而止. 敢問敵衆整而將來, 待之若何? 曰先奪其所愛, 則聽矣. 兵之情主速, 乘人之不及, 由不虞之道, 攻其所不戒也. 凡爲客之道, 深入則專, 主人不克, 掠於饒野, 三軍足食, 謹養而勿勞, 幷氣積力, 運兵計謀, 爲不可測. 投之無所往, 死且不北, 死焉不得士人盡力. 兵士甚陷則不懼, 無所往則固, 入深則拘, 不得已則鬪. 是故其兵不修而戒, 不求而得, 不約而親, 不令而信, 禁祥去疑, 至死無所之. 吾士無餘財, 非惡貨也. 無餘命, 非惡壽也. 令發之日, 士坐者涕霑襟, 臥者涕交頤. 投之無所往, 則諸劌之勇也.

故善用兵者, 譬如率然, 率然者恒山之蛇也, 擊其首則尾至, 擊其尾則首至, 其中身則首尾俱至.

敢問, 兵可使如率然乎? 曰, 可. 越人與吳人, 惡也. 當其同舟而濟, 其相救也, 如左右手. 是故方馬埋輪, 未足恃也. 齊勇若一, 政之道也. 剛柔皆得, 地之理也.

故善用兵者, 携手若使一人, 不得已也. 將軍之事,靜以幽, 正以治. 能愚士卒之耳目, 使之無知. 易其事, 革其謀, 使民無識, 易其居, 于其途, 使人不得慮.

帥與之期, 如登高而去其梯, 帥與之深入諸侯之地, 而發其機, 若驅群羊, 驅而往, 驅而來, 莫知所之.

聚三軍之衆, 投之於險, 此將軍之事也. 九地之變, 屈伸之利, 人情之理, 不可不察也. 凡爲客之道, 深則專, 淺則散. 去國越境而師者, 絶地也. 四徹者, 衢地也. 入深者, 重地也. 入淺者, 輕地也. 固前隘者, 圍地也. 無所往者, 死地也. 是故散地, 吾將一其志, 輕地, 吾將使之屬, 爭地, 吾將使不留, 交地, 將固其結, 衢地, 吾將謹其恃, 重地, 吾將趣其後, 圮地, 吾將進其途, 圍地, 吾將塞其闕, 死地, 吾將示之以不活. 故兵之情, 圍則禦, 不得已則鬪, 逼則從.

是故不知諸侯之謀者, 不能豫交, 不知山林險阻沮澤之形者, 不能行軍, 不用鄕導者, 不能得地利. 四五者, 一不知, 非王霸之兵也. 夫王霸之兵, 伐大國, 則其衆不得聚, 威加於敵, 則其交不得合. 是故不爭天下之交, 不養天下之權, 信己之私, 威加於敵, 故其城可拔，其國可隳. 無法之賞，懸無政之令，犯三軍之衆，若使一人. 犯之以事，勿告以言，犯之以害，勿告以利.

投之亡地然後存，陷之死地然後生，夫衆陷於害，然後能爲勝敗. 故爲兵之事，在於順詳敵之意，幷力一向，千里殺將，是謂巧事. 是故政擧之日，夷關折符，無通其使，勵於廟堂之上，以誅其事. 敵人開闔，必亟入之. 先其所愛，微與之期，踐墨隨敵，以決戰事.

是故始如處女，敵人開戶，後如脫兎，敵不及拒.

## 火攻篇 12

孫子曰，凡攻火有五，一曰火人，二曰火積，三曰火輜，四曰火庫，五曰火隊. 行火必有因，因必素具，發火有時，起火有日. 時者，天之燥也，日者，月在 箕 壁 翼 軫也. 凡此四宿者，風起之日也. 凡火攻，必因五火之變而應之. 火發於內，則早應之於外. 火發其兵靜勿攻. 極其火央，可從而從之，不可從而止之. 火可發於外，無待於內，以時發之. 火發上風，無攻下風.

晝風久，夜風止. 凡軍必知五火之變，以數守之. 故以火佐攻者明，以水佐攻者强. 水可以絶，不可以奪. 夫戰勝攻取，而不修其功者凶，命曰費留. 故曰，明主慮非利不動，非得不用，非危不戰. 主不可以怒興師，將不可以慍戰. 合於利而動，不合於利而止. 怒可復喜，慍可復悅，亡國不可以復存，死者不可以復生. 故明主愼之，良將警之，此安國全軍之道也.

## 用間篇 13

孫子曰，凡興師十萬，出征千里，百姓之費，公家之奉，日費千金，內外騷動，怠於道路，不得操事者，七十萬家.

相守數年，以爭一日之勝，而愛爵祿百金，不知敵之情者，不仁之至也，非民之將也，非主之佐也，非勝之主也. 故明君賢將，所以動而勝人，成功出於衆者，先知也. 先知者，不可取於鬼神，不可象於事，不可驗於度，必取於人，知敵之情者也. 故用間有五，有鄕間，有內間, 有反間, 有死間, 有生間. 五間俱起, 莫知其道, 是謂神紀, 人君之寶也. 鄕間者, 因其鄕人而用之. 內間者, 因其官人而用之. 反間者, 因其敵間而用之. 死間者, 爲誑事於外, 令吾間知之, 而傳於敵間也. 生間者, 反報也. 故三軍之親, 莫親於間, 賞莫厚於間, 事莫密於間. 非聖不能用間, 非仁不能使間, 非微妙不能得間之實. 微哉微哉, 無所不用間也. 間事未發, 而先聞者, 間與所告者皆死. 凡軍之所欲擊, 城之所欲攻, 人之所欲殺, 必先知其守將, 左右, 謁者, 門者, 舍人之姓名, 令吾間必索知之. 必索敵間之來間我者, 因而利之, 導而舍之, 故反間可得而用也.

因是而知之, 故鄕間內間可得而使也. 因是而知之, 故死間爲誑事, 可使告敵. 因是而知之, 故生間可使如期. 五間之事, 必知之, 知之必在於反間, 間不可不厚也. 昔殷之興也, 伊摯在夏, 周之興也, 呂牙在殷.

故惟明君賢將, 能以上智爲間者, 必成大功, 此兵之要, 三軍之所恃而動也.

## 결 론

# 누구도 실패하지 않는 1000독과 완전정복의 진짜 비결

"1000독 할 때까지 보는 것이다."

"완전정복 할 때까지 읽는 것이다."

앉으나, 서나, 누우나 자투리 시간을 최대한 이용해서.

항상 이 책을 호주머니에 넣고 다니면서.

기적의 손자병법

지은이 : 노 병 천
펴낸이 : 신 대 영
펴낸곳 : 양 서 각

등 록 : 1992년 4월 30일 제3-412호
주 소 : 서울시 도봉구 쌍문2동 716-27
www.ysgbook.com
E-mail : ysgbook@hanmail.net
대표전화 : 02-991-6234~5
팩시밀리 : 02-994-4360

2006년 10월 20일 제1판1쇄 발행
2019년 7월 20일 제1판5쇄 발행

값 8,000원
ISBN : 89-5568-232-8